LES ACCIDENTS

SUR LES

CHEMINS DE FER,

LEURS CAUSES,

LES RÈGLES A SUIVRE POUR LES ÉVITER,

PAR

ÉMILE WITH,

INGÉNIEUR CIVIL.

AUGMENTÉ D'UNE PRÉFACE,

PAR

AUGUSTE PERDONNET,

ancien élève de l'École Polytechnique,
l'un des administrateurs, membre du comité de direction
des chemins de fer de l'Est.

PARIS,

MALLET-BACHELIER, IMPRIMEUR-LIBRAIRE
DU BUREAU DES LONGITUDES, DE L'ÉCOLE POLYTECHNIQUE,
Quai des Augustins, 55.

1854

LES ACCIDENTS

SUR LES

CHEMINS DE FER.

Paris. — Impr. de Mallet-Bachelier, rue du Jardinet 12

LES ACCIDENTS

SUR LES

CHEMINS DE FER,

LEURS CAUSES,

LES RÈGLES A SUIVRE POUR LES ÉVITER,

PAR

ÉMILE WITH,

INGÉNIEUR-CIVIL.

AUGMENTÉ D'UNE PRÉFACE,

PAR

AUGUSTE PERDONNET,

ancien élève de l'École polytechnique,
l'un des administrateurs, membre du comité de direction
des chemins de fer de l'Est.

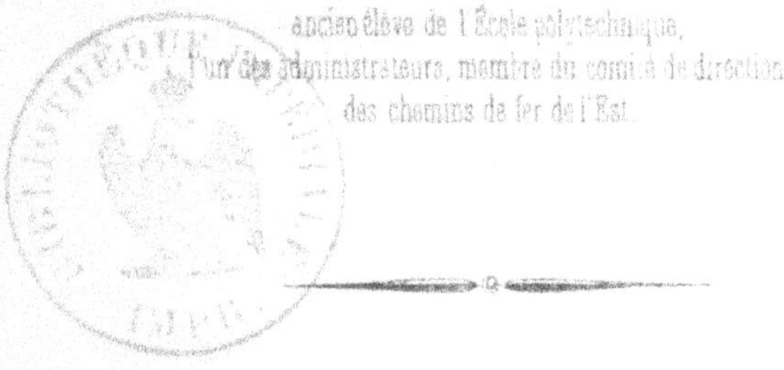

PARIS,
MALLET-BACHELIER, IMPRIMEUR-LIBRAIRE
DU BUREAU DES LONGITUDES, DE L'ÉCOLE POLYTECHNIQUE,
Quai des Augustins, 55

1854

TABLE DES MATIÈRES.

PRÉFACE.

La construction des chemins de fer, aujourd'hui si répandue, a rencontré une vive opposition, surtout en France. Il y a vingt ans à peine que les hommes qui étaient alors au pouvoir traitaient de ridicules les propositions qui leur étaient faites d'établir les premières voies ferrées. Je pourrais en fournir plus d'une preuve, prise dans ma propre expérience : la lutte a été vive et prolongée.

En 1826, MM. Séguin obtenaient difficilement l'autorisation de poser un chemin de fer pour le transport des charbons de terre des mines de Saint-Etienne. On ne croyait pas alors à la possibilité de transporter des voyageurs sur ces voies de communication perfectionnées ; et cela était excusable, car en Angleterre même où l'instinct industriel est plus développé qu'en France, cette opinion était partagée ; mais en 1830, quand des milliers de voyageurs circulaient déjà sur le chemin de Liverpool à Manchester, on doit s'étonner que la foi ne fût pas venue encore à nos hommes d'Etat et au public. C'est alors cependant qu'ouvrant à l'École centrale un cours sur la construction des chemins de fer, et annonçant que l'invention des railways opérerait une révolution semblable à celle qu'avait opérée l'invention de l'imprimerie, je fus traité d'insensé. Le succès du chemin de Saint-Germain donna un démenti aux adversaires de ces nouvelles voies de communication; aussi M. Thiers, ministre des travaux publics, revenant d'une tournée en Angleterre, voulut-il bien, en 1835, admettre que *les chemins de fer présentaient quelques avantages pour le transport des voyageurs, en tant que l'usage en était limité au service de certaines lignes fort courtes, aboutissant à de grandes villes comme Paris* (Voir les journaux de l'époque, séance de la chambre des députés.); mais de grandes lignes on n'en voulait pas. » Moi, demander à la chambre de vous concéder le chemin de Rouen, me disait alors M. Thiers, auquel je proposais avec quelques associés de construire ce chemin, je m'en garderai bien, *on me jetterait en bas de la tribune* (sic). *Le fer est trop cher en France*, disait M. Passy, ministre des finances. *Le pays est trop accidenté*, objectait M. Allier, député. *Les souterrains seront nuisibles à la santé des voyageurs*, prétendait M. Arago.

Force fut bien néanmoins de se rendre à l'évidence. Les Compagnies marchaient plus vite que l'administration des ponts-et-chaussées, il fallait les suivre. Les grandes lignes furent entreprises; seulement on niait qu'elles pussent lutter avec les voies navigables pour le transport des marchandises. Les faits sont venus également détruire cette erreur, mais les antagonistes des chemins de fer leur adressent encore ce reproche grave : voyager sur un chemin de fer, c'est s'exposer à de grands dangers, et ils citent à l'appui de leur opinion le terrible accident du chemin de Versailles, puis l'accident de Fampoux, puis l'accident de Poitiers. Rien n'est plus rassurant néanmoins que la statistique des accidents; elle prouve, qu'eu égard au nombre immense de épaisseur et par suite une très-grande solidité qui en rend la rupture presque impossible. La vapeur fait bien crever parfois les petits tubes, mais alors il n'y a pas d'explosion, et l'eau, se répandant sur le combustible, éteint le feu. Le mode de tirage des locomotives contribue aussi efficacement à prévenir les explosions pendant la marche, car ce tirage, produit par la projection de la vapeur dans la cheminée, est d'autant plus énergique qu'il s'en consomme davantage ; la production et la consommation sont donc toujours proportionnelles l'une à l'autre.

Les accidents provenant des déraillements sont, après ceux qui résultent des collisions, les plus redoutables. Ils sont occasionnés par le mauvais état de la voie ou par le mauvais état du matériel.

On ne saurait se montrer trop soigneux dans la construction et dans l'entretien de la voie et du matériel. Depuis quelques années on en a beaucoup augmenté la solidité.

Cela ne suffit pas. Il faut encore employer de bons matériaux pour la construction, et peut-être ne s'est-on pas montré à cet égard assez sévère sur plusieurs lignes. Les ingénieurs du contrôle qui interviennent souvent dans des détails de construction de peu d'importance, devraient, ce me semble, s'opposer à l'emploi de matériaux trop fragiles, tels que des coussinets en fonte blanche et des rails en fer trop grenu. Au chemin de Paris à Strasbourg il s'est cassé une grande quantité de coussinets et un certain nombre de rails. La Compagnie avait stipulé dans ses cahiers des charges que la fonte pour les coussinets serait en fonte grise, douce à la lime. Les tribunaux cependant, sur un rapport d'expert, l'ont forcée à se servir de coussinets en fonte blanche. Les ingénieurs du contrôle auraient pu, dans cette circonstance, prévenir une décision qui est contraire à la sûreté des voyageurs.

Il est aussi d'une grande importance pour que la voie soit toujours solide, que la chaussée qui la porte soit parfaitement sèche. Il faut donc, à tout prix, se procurer du ballast de bonne qualité et assurer l'écoulement des eaux au moyen de fossés suffisamment grands et convenablement disposés.

Au chemin de Versailles (rive droite), on a suspendu l'exploitation et complétement démoli la voie pour remplacer le ballast argileux par du ballast de meilleure qualité.

Le matériel des chemins de fer a été, plus encore que la voie, amélioré. Les ruptures de pièces deviennent de plus en plus rares, et sont sans conséquence ; il y aurait de l'imprudence cependant à ne pas les visiter fréquemment et à ne pas les remplacer lorsqu'elles semblent avoir perdu par l'usure une partie de leur solidité. Je ne partage pas l'opinion de M. Émile With qui conseille de multiplier des épreuves qui fatigueraient le matériel.

Le choix des fabricants est une chose essentielle. Il y a certaines usines qui ont une réputation parfaitement établie. C'est à celles-ci qu'il faut s'adresser de préférence, sauf à payer un peu plus cher.

Ce sont les collisions qui le plus souvent occasionnent des sinistres sur les chemins de fer ; elles peuvent avoir lieu sur les chemins à une voie, entre des trains marchant en sens contraire ; ou bien, sur un chemin à une ou à deux voies, entre des trains marchant dans le même sens, le train de derrière marchant plus vite que celui de devant. Il peut enfin y avoir collision entre un train et des objets immobiles quelconques placés sur la voie, tels qu'une voiture arrêtée sur un passage à niveau, ou des wagons en stationnement.

Les collisions entre deux trains marchant en sens contraire, sont les plus terribles, mais elles n'ont lieu que sur les chemins à une voie, et on les prévient au moyen d'une bonne organisation du service et d'un bon système de signaux. A la suite de l'accident de Poitiers, sur une portion de chemin à une voie, on s'est effrayé outre mesure des dangers que les chemins à simple voie peuvent présenter, et on ne parlait de rien moins que de les proscrire entièrement.

Vouloir exclure les chemins à une voie, ce serait se priver d'un grand perfectionnement dans les voies de communication sur un grand nombre de points où l'activité commerciale n'est pas assez grande pour permettre la dépense de deux voies. En Belgique, on a transporté des millions de voyageurs sur des chemins à une voie, sans qu'il soit arrivé un seul sinistre par suite de collisions, et en Allemagne, où les chemins sont presque tous à une voie, les accidents sont plus rares qu'en Angleterre, où les lignes sont à double voie.

On évitera facilement les collisions sur les chemins à simple voie, si la circulation n'y est pas trop active, et si on prend certaines précautions dont les chemins allemands nous offrent l'exemple.

Les collisions entre deux trains marchant dans la même direction, sont moins dangereuses que celles entre deux trains marchant en sens contraire. Le choc est beaucoup moins violent. Il n'y a encore d'autre moyen de les éviter qu'une bonne organisation du service et l'usage du télégraphe.

Le gardiennage sur plusieurs de nos grandes lignes laisse beaucoup à désirer. La surveillance de nuit est surtout très-imparfaite. Le contrôle devrait à cet égard se montrer très-sévère.

Les passages à niveau sont à peu près sans danger lorsqu'ils sont placés sur des alignements, de façon qu'on peut les apercevoir de loin; mais il faut, autant que possible, éviter d'en établir aux extrémités des tranchées ou des souterrains courbes; ils sont sur plusieurs lignes beaucoup trop multipliés. On n'a pas assez songé que, dans bien des localités, l'intérêt du capital d'un pont en dessus ou en dessous de la voie eût été bien inférieur à l'intérêt du capital d'un passage à niveau joint au salaire du garde.

Sur dix collisions ayant lieu entre des trains ou des objets immobiles placés sur la voie, neuf sont occasionnées par des aiguilles mal dirigées. Ces aiguilles conduisent souvent le train, qui doit marcher sur la voie principale dans une voie de garage, où il vient se heurter contre des wagons en stationnement. Sur les chemins à deux voies, on prévient ces accidents en plaçant toujours les aiguilles à une seule extrémité de la voie de garage, de telle façon que le train marchant toujours sur la voie principale dans la même direction, soit forcé de reculer pour entrer dans la voie de garage. Il en résulte un peu plus de gêne, mais beaucoup plus de sécurité dans le service. Au chemin de Strasbourg, nous nous sommes particulièrement attachés à l'observation de cette règle, et on n'y trouverait pas une seule aiguille dont la pointe ne soit opposée à la direction suivie par le train. Au chemin du Nord et au chemin de Lyon, au contraire, on entre dans les grandes gares de marchandises directement, ce qui me semble dangereux.

Une bonne organisation du service, un bon système de télégraphe, et les règlements les plus sévères manquent d'efficacité, si les agents qui exécutent sont inintelligents ou négligents. Le choix du personnel est donc sur un chemin de fer, comme M. Émile With le fait remarquer, de la plus haute importance pour la sécurité des voyageurs.

LES ACCIDENTS

SUR LES

CHEMINS DE FER.

§ Ier.

CAUSES GÉNÉRALES DES ACCIDENTS.

Depuis quelques mois, les accidents sur les chemins de fer se multiplient tellement, qu'il semble que la science soit devenue insuffisante pour les prévenir ; c'est qu'en effet ils sont toujours occasionnés par l'imprudence des voyageurs, par l'imprévoyance des employés, ou par un concours de circonstances fatales, mais très-naturelles : cependant il est rassurant de penser que, malgré la fréquence de ces malheurs, dans les derniers temps, il n'est jamais impossible de les éviter avec de l'intelligence et de la bonne volonté, ce que je m'efforcerai de prouver dans le présent travail.

Le rôle que la presse doit jouer dans ces tristes circonstances n'est pas de jeter, par des récits exagérés d'une façon dramatique, l'épouvante dans l'âme des voyageurs, et d'effrayer inutilement les agents de l'exploitation, qui sont chargés d'une si grande responsabilité ; elle doit, pour se rendre utile, examiner, à son point de vue particulier, les accidents, tant sous le rapport technique que sous celui de la régularité du service, et discuter minutieusement les causes de ces irrégularités et les moyens d'en prévenir le retour.

Jusqu'à présent une classification méthodique de ces sortes d'accidents, d'après leur cause, n'a encore été essayée que dans des dissertations scientifiques; en écartant pour un moment ceux qui sont dus à la malveillance ou à des personnes étrangères aux chemins de fer, on peut les ranger en quatre catégories, qui comprennent :

1° Les sinistres qui sont le fait de la locomotive;

2° Ceux qui résultent du mauvais état de la voie et du matériel roulant;

3° Ceux qui proviennent de l'inobservation des réglements pour la marche des trains;

4° Enfin les accidents dus à l'imprudence des voyageurs et des employés.

§ II.

EXPLOSION DE MACHINES.

L'accident auquel la locomotive est sujette à l'état de repos est l'explosion de sa chaudière, qui est le résultat d'une coupable inattention de la part du machiniste, ou d'une détérioration du métal.

L'événement qui a eu lieu, il y a quelque temps, en Angleterre peut servir d'exemple à cet égard.

Près de Manchester, sur le chemin du North-Western, on remarque une remise en forme de polygone, couverte en ardoises et fermée par une coupole en vitrage. Au centre de ce bâtiment se trouve une plaque tournante pour les locomotives et leurs tenders, et d'où se dirigent, en rayons, douze voies, entre lesquelles sont placées des colonnes pour soutenir la construction. Dans cette remise, connue sous le nom de *polygon-shed*, on allume les machines de la ligne principale et de ses nombreux embranchements; elle s'appuie contre une maison carrée, dont le premier étage forme un réservoir d'eau, et dont le rez-de-chaussée sert de cabinet de lecture aux nombreux ouvriers des ateliers de réparation : l'entrée de ce cabinet est dans la remise même.

Au mois de mars 1853, cinq locomotives avec

leurs tenders se trouvaient dans le *polygon-shed*, et celle désignée sous le n° 21, construite en 1840 par Sharp et Roberts, avait été placée sur la voie vers la sortie, et allumée dès le matin pour servir de machine-pilote à remorquer les trains dans le tunnel; ce devait être son premier voyage depuis sa sortie des ateliers, où elle avait été soumise à de grandes réparations et à une visite très-rigoureuse.

Il est dans les habitudes des ouvriers de chemins de fer de Manchester et des environs, de prendre leurs repas dans cette rotonde qui est toujours chauffée; le jour de l'explosion ils se trouvaient au nombre de quatre-vingts; plusieurs étaient déjà installés dans le cabinet de lecture; tout s'était passé dans l'ordre voulu : le machiniste graissait sa machine, quelques ouvriers causaient avec lui, tandis que d'autres étaient assis sur les marchepieds de la plate-forme. Cependant la vapeur commençait à souffler, en produisant un bruit désagréable pour les ouvriers, dont plusieurs, avertis par des signes empiriques, pressentirent le danger sans pouvoir se l'expliquer; et sans savoir précisément pourquoi il était dangereux de rester plus longtemps dans la remise, ils s'en éloignèrent : ce fut surtout la couleur bleue de la vapeur qui s'échappait par les soupapes encore ouvertes, qui les effraya le plus.

Dans ce moment critique, au lieu de prendre

les plus vulgaires précautions, le machiniste grimpa lentement sur sa machine, vissa hermétiquement les soupapes, sans laisser la plus petite ouverture à la vapeur, et descendit avec tranquillité, pour se livrer aux soins que toute machine exige avant son départ. Qu'est-ce qui a pu le déterminer à oublier à ce point les plus simples régles de la prudence et de la conservation? C'est là un secret que cet infortuné a emporté avec lui dans la tombe.

A peine un quart d'heure s'était écoulé, qu'un bruit strident se fit entendre, et quelques instants après, une épouvantable explosion eut lieu. La moitié du toit fut soulevée, et, en retombant, se brisa et couvrit les malheureux ouvriers de débris de bois, de vitres et d'ardoises. Le bâtiment fut en un moment rempli de vapeur, de poussière et de fumée, et quand ce nuage fut dissipé, on accourut du dehors pour se rendre raison de cette terrible dévastation, pour porter secours aux blessés et retirer les cadavres. Le tender est resté intact à sa place, avec une partie de la plate-forme de la locomotive, qui avait été jetée à une distance de 25 mètres sur l'extrémité de la plaque tournante, ayant sa boîte à feu complétement déchirée, et une des roues motrices détruite en entier; la machine avait six roues avec les roues motrices au milieu.

Il paraît qu'au moment de l'explosion, la locomotive, par suite de ses mouvements irréguliers, avait dérangé la plaque tournante, car les rails ne correspondaient plus entre eux. Un de ces ouvriers a vu la machine s'avancer et projeter au loin ses débris. Toutes les armatures ont été enlevées ou déchirées. La rupture a eu lieu presque partout par le centre des trous des rivets. Sur le côté droit, la force expansive de la vapeur n'a pas été moins considérable : les pas de vis des boulons ont été arrachés ou aplatis; le dôme de la locomotive, totalement déchiré, a été lancé contre quatre personnes qui ont été tuées du coup. Les parois en cuivre de la boîte à feu ont été recourbées vers le foyer; ce n'est pas la chaudière cylindrique qui a fait explosion, mais la boîte à feu. L'effet principal a été exercé contre le côté gauche, qui a été enlevé en entier.

La cause de ce sinistre est hors de doute. Une machine toute neuve n'aurait même pas pu résister à la pression que le machiniste a eu l'imprudence de produire. Dans ce quart d'heure, la vapeur, fortement chauffée, a dû acquérir une force énorme et incalculée jusqu'à présent, mais dont on peut se faire une idée quand on prend en considération les dégâts qui ont eu lieu dans le bâtiment et la distance à laquelle les débris ont été lancés. Les matériaux déchirés ont prouvé, par l'inspection de leur surface de rupture, qu'ils étaient de bonne qualité et qu'ils auraient résisté à une pression décuple de celle employée d'habitude dans la marche des locomotives.

Ce n'est pas sans intention que je suis entré dans des détails très-circonstanciés au sujet de l'explosion d'une locomotive, produite par un excès de pression : tous les accidents de cette sorte, de même que ceux des machines fixes ou des bateaux à vapeur, se ressemblent ; il suffit d'en citer un exemple, — c'est les mentionner tous. Ces explosions sont terribles, elles ne laissent aucune chance de salut ; mais, heureusement, elles deviennent de plus en plus rares, et comme elles sont toujours le résultat d'un manque de surveillance et de vérification de la chaudière, ou de la négligence (car des signes infaillibles : l'oxydation des armatures, la descente de l'eau dans la chaudière, indiquent l'approche d'un danger), on peut les éviter en employant quelques vulgaires mesures de précaution.

Dans d'autres cas, cette pression excessive de la vapeur, qui détermine la rupture de la chaudière, est encore produite par l'abaissement inaperçu du niveau de l'eau : le feu attaque directement le métal et le rougit ; si alors, par une circonstance quelconque, l'eau est introduite de nouveau, elle se trouve en contact immédiat avec les surfaces incandescentes : un immense développement de vapeur a lieu instantanément, et si les soupapes ne jouent pas librement, l'explosion devient inévitable. Cela ne peut arriver qu'à la suite d'un oubli complet du service : un indicateur en verre donne toujours la hauteur de l'eau; si cet indicateur ne manœuvre pas bien, s'il est obstrué, le machiniste trouve à côté un robinet à la même hauteur, puis un deuxième robinet un peu au-dessous, et souvent encore un troisième, de manière qu'il n'y a pour lui aucune excuse s'il néglige la vérification de ce détail important.

Outre la surcharge des soupapes de sûreté ou le manque d'eau, qui sont les causes ordinaires de l'explosion des chaudières, il peut se rencontrer des vices dans leur construction intérieure et qui ont échappé à l'épreuve de la presse hydraulique; mais ces vices dans les armatures ne produisent que difficilement une rupture et ne sont guère à redouter, si les soupapes fonctionnent bien, à moins d'une prompte détérioration d'un tirant ou d'un boulon produite par l'oxydation.

Voici la relation de deux désastres qui sont dus à cette dernière cause ; ces faits se sont passés sur des chemins de fer allemands.

Le premier accident sérieux sur les chemins du royaume de Wurtemberg, qui emploient les rails de Vignoles, avec plaques vissées et le matériel américain, a eu lieu vers la fin de 1853, après quatre ans d'exploitation. Une machine en stationnement sur la partie de la ligne qui relie les chemins badois à ceux du Wurtemberg, a éclaté dix minutes avant le signal ; la boîte à feu a fait explosion en tuant le chauffeur et en blessant plusieurs employés. La machine a été lancée à une distance de 10 mètres, et a fait dérailler le tender, toutefois sans l'endommager ; le dôme de la chaudière a été fendu en quatre morceaux ; sa partie supérieure, sur laquelle se trouvaient les soupapes, a été ramassée à 200 mètres du lieu de l'accident. Cette machine avait déjà fait un service de 100 000 kilomètres. La chaudière avait subi deux grosses réparations et avait été soumise aux épreuves nécessaires, au moyen de la presse hydraulique, jusqu'à onze atmosphères, le double de la pression à laquelle elle marchait d'habitude.

Une enquête très-détaillée a eu lieu, mais elle n'a donné aucune indication précise sur la cause première de l'accident : la chaudière était suffisamment remplie d'eau et la pression de la vapeur n'avait pas dépassé les limites ordinaires. On est porté à croire que les tirants avaient cédé longtemps avant l'explosion et que les cornières du dôme n'étaient pas fabriquées avec tous les soins que ces pièces exigent. A plusieurs reprises déjà on avait remarqué que, dans d'autres machines sorties de la même fabrique, les tirants ne résistaient pas à la force qu'ils avaient à supporter.

Sur le chemin de Francfort, une machine qui avait parcouru 38 000 kilomètres a fait explosion. Elle avait été soumise à des réparations pour cause de fuites dans la partie cylindrique de la chaudière et dans plusieurs tubes bouilleurs. Elle se trouvait prête pour le départ : le foyer et le cendrier avaient été fermés et le feu avait été couvert de coke frais. La machine est restée pendant dix minutes dans cet état; les soupapes ont laissé échapper de la vapeur.

Au moment où le signal du départ a été donné, l'explosion a eu lieu par une détonation qui a duré trois secondes. La locomotive a été renversée sur le côté ; le tender a déraillé par les roues de devant ; la barre d'accouplement s'est brisée au milieu ; le dôme a été complétement déchiré ; un morceau d'une surface de près de 2 mètres carrés et d'un poids de 250 kilogrammes en a été arraché et lancé horizontalement à 100 mètres de distance, où il a fendu un poteau de 26 centimètres de section ; une des roues de derrière a été jetée contre le pilier d'une remise des locomotives, qui a été endommagé considérablement. L'essieu de cette roue a été ployé.

Il est résulté de l'examen de la machine, après cet événement, que toutes les armatures intérieures avaient été déchirées et arrachées avec leurs boulons ; que la boîte à feu en cuivre s'était repliée, et que les entretoises avaient été extraites violemment de la paroi en cuivre et de celle en fer ; qu'enfin les parois du dôme s'étaient brisées principalement dans les angles. En calculant la force nécessaire pour déterminer la rupture du dôme, on trouve qu'avec l'épaisseur qu'il présentait il aurait fallu développer dans la chaudière une pression de trente-sept atmosphères. Pour prouver d'une manière plus palpable encore que l'épaisseur de la chaudière était suffisante pour prévenir l'explosion, on s'en est référé à une expérimentation directe. Il en est résulté que cette explosion ne pouvait avoir eu pour cause que la rupture d'un tirant, ce que, du reste, l'enquête a mis en évidence. En outre, la surface de rupture a fait voir que cette armature s'est trouvée endommagée depuis très-longtemps, et que le fer a dû se rompre sous une pression moindre que celle qui a produit la rupture de la paroi du dôme.

Il faut conclure de ce qui précède, que les armatures des chaudières doivent être travaillées et ajustées dans les meilleures conditions possibles et surveillées d'une manière toute spéciale ; des tirants trop faibles, ou inégalement serrés, des boulons mal ajustés, peuvent être la cause de graves accidents. Enfin, il serait convenable d'éprouver ces chaudières au moins une fois par an, au moyen de la presse hydraulique.

§ III.

NÉGLIGENCE DES MÉCANICIENS.

Il peut encore arriver des accidents particuliers aux machines pendant qu'elles sont en marche : des tubes bouilleurs peuvent crever, et l'eau peut être projetée dans le foyer ; il peut se présenter des fuites de vapeur, des fissures ; le plomb de sûreté peut fondre, les barreaux de la grille peuvent se détacher et tomber sur la voie, et ainsi de suite : ce sont là des détails tous prévus, tous connus ; on sait à l'avance, et pour un cas donné, quand il faut ralentir la marche, arrêter le convoi, demander du secours par une machine-pilote ; en un mot, une foule de circonstances, dont l'énumération serait trop longue, peuvent se présenter où l'adresse et le sang-froid du conducteur de la locomotive seuls peuvent écarter le danger.

Beaucoup de machinistes ne se rendent pas un compte exact de la force destructive dont le maniement leur est confié, et qui peut échapper chaque fois que leur attention n'est pas fixée d'une manière absolue sur toutes les parties importantes de ce mécanisme.

Très-souvent la vie des voyageurs est entre leurs mains, ils disposent à leur gré de la propriété de la Compagnie, et toute négligence de leur part peut avoir les plus graves conséquences. Il n'y a pas à se faire illusion à ce sujet.

Le fait suivant, dont j'ai emprunté le récit à un journal allemand, le prouverait au besoin :

En janvier 1854, sur la partie prussienne du chemin de Saarbruck à Metz, deux convois se supposant mutuellement en retard, à cause de la neige tombée en abondance, ont marché l'un contre l'autre. Dès que les mécaniciens se sont trouvés en vue, ils ont donné le coup de sifflet, ont fait serrer les freins, ont renversé la vapeur et ensuite sont sautés en bas avec leurs chauffeurs, sans se faire le moindre mal. Le choc eut lieu, mais sans accident ; amorti par les précautions prises, ce n'était plus qu'un simple *coup de tampon ;* mais la vapeur, continuant à agir sur les pistons en sens inverse, a fait rétrograder avec une vitesse redoublée les trains désormais abandonnés à eux-mêmes. Le convoi de voyageurs s'est arrêté enfin au bas d'une rampe, et le convoi de marchandises, après avoir traversé la gare de Saarbruck, a fini par rester dans la neige près de la frontière française. L'*express* venant de Paris, dûment averti que le train de marchandises était parti, se lança sur ce dernier, dont plusieurs wagons furent endommagés. Aucun autre accident n'eut lieu.

Dans maintes circonstances le conducteur de locomotive, peu consciencieux, mais très-adroit, au lieu de suivre les prescriptions pour arrêter sa machine, pourrait s'élancer sur la voie et échapper sain et sauf ou avec quelques légères contusions; il abandonnerait le train à son sort, tandis qu'un employé honorable demeurerait, comme un soldat, à son poste, en affrontant la mort à laquelle rarement il échappe. Aussi, en général, on est forcé de rendre justice au zèle et au dévouement des machinistes chez lesquels le sentiment du devoir l'emporte toujours sur l'instinct de leur propre conservation.

La nécessité de se confier à eux impose donc aux Compagnies l'obligation de choisir un personnel sur lequel on puisse compter dans tous les cas difficiles. Pour cela, il n'y a qu'un seul moyen : c'est d'assurer à des sujets capables, dès leur entrée en fonctions, un avenir convenable et lucratif, et de leur assigner dans la hiérarchie administrative un rang plus élevé, car on est dans le cas de leur demander une santé robuste et de nombreuses preuves d'intelligence, d'instruction et de courage. Nous sommes loin du temps où M. l'ingénieur Brunel, dans son Rapport aux chambres, à propos d'un bill sur les chemins de fer, disait : « Entre deux mécaniciens, je choisirai celui qui ne sait pas lire (1). » A plusieurs reprises les tribunaux anglais, dans leurs jugements au sujet d'explosions de locomotives,

(1) *Civil engineer Journal*, 1841.

ont présenté au gouvernement des requêtes tendant : « à soumettre les mécaniciens à des épreuves sévères, et à leur demander de l'instruction. » — Il conviendrait, en outre, de leur garantir une retraite et des pensions à leur famille. Mais, d'un autre côté, il faudrait leur faire comprendre, une fois pour toutes, qu'à la plus petite infraction aux règlements, à la moindre négligence ou à la plus légère manifestation de mauvaise volonté dans leur service, ils seraient renvoyés sur-le-champ; les bénéfices acquis pour eux et leur famille rentreraient impitoyablement dans le fonds commun, et ils seraient déclarés incapables, à tout jamais, de servir dans une administration de chemins de fer, à quelque titre que ce fût.

§ IV.

DÉRAILLEMENTS.

La question du déraillement des convois de chemins de fer fixe constamment l'attention des agents de la voie et de ceux du matériel. Ce sont ces deux services qui doivent veiller ensemble et prendre toutes les précautions pour éviter ces accidents, lesquels ont pour origine :

1° L'état irrégulier des constructions;

2° La pose défectueuse de la voie, tant des rails que des supports;

3° Enfin l'instabilité de la locomotive ou d'une partie du convoi.

Les inventeurs n'ayant pas trouvé de moyen infaillible pour empêcher les déraillements, se sont appliqués et s'appliquent encore journellement à imaginer un appareil propre à maintenir au moins les wagons dans la voie, en cas d'un déraillement de la locomotive, admis comme un accident inévitable dans beaucoup de circonstances. Cet appareil consisterait à détacher instantanément, et sans le secours d'un homme, le convoi de la machine ; dans ce but on propose d'intercaler dans le rebord de la roue motrice une clavette mobile dépassant ce rebord de quelques millimètres. Dès que la machine déraille, ce rebord marche sur le rail et presse la clavette en dedans. A cette clavette correspond une espèce de batterie de fusil, dont le chien s'abat indirectement sur la tige d'accouplement, et en la faisant tourner, détache le crochet d'attelage du convoi ; la locomotive déraille seule, et le train est censé suivre l'alignement. Cela suppose que les rails soient en ordre ; mais comme, dans les cas ordinaires, le déraillement a lieu sur un endroit irrégulier de la voie, une partie du convoi y déraillera probablement à son tour. Le mécanisme, composé d'une trentaine de pièces, demandera de grands soins d'entretien ; et rien ne garantit, en outre, qu'il fonctionnera dans un cas donné.

Un mode peu employé d'arrêter les wagons, en cas de déraillement, au moyen d'un mécanisme qui détache la locomotive du convoi et qui, par le même mouvement, fait projeter du sable sur les rails, est usité sur le chemin de Saint-Étienne. En 1840, une machine brisa les rails sur ce chemin qu'elle quitta; on fit jouer le mécanisme du décrochage et la trémie à sable, et le convoi resta sur la ligne, tandis que la locomotive et son tender roulèrent sur le talus. Ce mécanisme exige, de la part du conducteur, l'attention la plus soutenue; il ne doit pas abandonner un seul instant la manivelle, et doit avoir les yeux constamment fixés sur la locomotive, ce qui peut paraître difficile.

Je suis loin de trancher cette question, je crois qu'il y aura lieu de la soumettre à un examen général avec les autres inventions de ce genre.

Je ne parlerai pas des déraillements dus à la malveillance; ils sont en dehors de la science des chemins de fer. L'examen des causes de déraillements est très-délicat, et pour pouvoir l'approfondir, je serai obligé d'entrer dans quelques détails sur l'établissement de la voie et sur la conduite des machines.

---

§ V.

VICES DANS LES FONDATIONS
DES CHEMINS DE FER.

Les fondations des chemins de fer comprennent, outre les terrassements, les ouvrages d'art : les tunnels, les viaducs et les ponts. Les tunnels peuvent donner lieu à des accidents, une partie de la voûte peut tomber sur les rails ou sur le convoi; si ces craintes existent, on dresse un revêtement contre les parois du tunnel. Ils sont aussi exposés à des chutes; celui du chemin de Southampton est tombé sur une longueur de 200 mètres; on parle souvent de ces chutes sur les lignes anglaises.

Les viaducs et les ponts forment la partie difficile des travaux, auxquels les études des ingénieurs s'appliquent constamment et s'appliqueront peut-être toujours.

Il n'y a pas de système prépondérant pour la construction des ponts. Le problème à résoudre dans cette circonstance est très-difficile : les ponts en pierres, à grande portée, qui résistent aux fortes vibrations, pendant le passage des trains, sont d'un établissement coûteux; la réunion de la fonte et du fer est rejetée à cause des inconvénients qu'offre l'inégalité de dilatation des deux métaux; de nouvelles constructions en bois sont très-rares, le bois ne présente pas une assez grande durée et une sécurité suffisante contre l'incendie. La suspension des ponts au moyen de chaines ou de câbles en fil de fer a pu réussir pour les communications ordinaires, mais il n'en a plus été ainsi pour les chemins de fer. Le premier essai de ponts en chaînes fait à Stockton, sur un chemin d'exploitation de houillères, n'a pas réussi; on n'a donc plus répété en grand cette expérience; une petite construction, exécutée depuis, n'a fait que confirmer les défauts de ce système.

Dans tous les cas, la chute des ponts, par suite de vices dans leurs fondations, n'est pas un fait qui peut être attribué au chemin de fer, dont l'action ne s'étend pas jusque-là.

Dès qu'on eut commencé en Angleterre à construire des ponts en fonte, on imita, avec un véritable engouement, dans toute l'Europe, ces ouvrages de nouvelle espèce, qui, restreints d'abord aux chaussées empierrées, ont bientôt été appliqués, sur une vaste échelle, aux chemins de fer.

Sans se rendre précisément un compte exact des chances d'accident auxquelles la fonte peut être soumise dans l'exploitation, on s'est laissé entraîner à l'emploi de ce métal d'une façon presque absolue, et souvent dans les cas où l'absence de la pierre n'a pas pu être justifiée convenablement. On avait essayé sur le chemin de Chester un nouveau genre de ponts en fonte projeté par M. Stephenson; quoique cette construction ait éveillé des craintes, on l'a cependant introduite, avec quelques modifications, sur toute la ligne. Ces ponts sont composés de poutres horizontales, d'une seule pièce pour les ouvertures de 10 mètres, de deux pièces pour les ouvertures de 20 mètres, et de trois pièces pour les parties de 30 mètres. Dans les joints, on a renforcé ces poutres par des plaques vissées; des armatures en fer de diverses sortes ont ensuite relié entre elles ces séries de poutres qui forment le tablier du pont proprement dit.

Beaucoup de voix se sont élevées en Angleterre contre cette liaison du fer et de la fonte (1). On était encore en discussion à ce sujet, quand, en 1847, la chute d'un de ces ponts, livré à la circulation depuis quelques mois, aux environs de Chester, a démontré le danger de ces travaux. Cet événement, qui a coûté la vie à plusieurs personnes, a inspiré au gouvernement britannique l'idée d'une mesure efficace contre le retour de pareils malheurs : il a ordonné que les ponts en

(1) Extrait du *Constitutionnel : Les Chemins de fer d'Angleterre*, par Emile With.

fonte existants seraient soutenus par des cintres en bois. Dans les faibles ouvertures on s'est contenté de poser des contre-fiches.

Il pourra être utile d'entrer dans quelques détails au sujet de cet accident.

Les avis sur les causes de la chute de ce pont sont très-divisés : on avait soutenu que les dimensions des poutres n'étaient pas en rapport avec leur portée; d'autre part on attribuait à un choc latéral du tender déraillé, contre la poutre extérieure, la chute totale du pont qui a eu lieu, quand la locomotive et le tender avaient déjà passé les deux premières travées.

Le mur du parapet avait été fortement endommagé par le tender, et les tirants, au nombre de treize, déchirés; les parties en fer forgé des poutres étaient restées intactes. La rupture des autres poutres n'a été que la conséquence de la chute du pont; le tender et une partie des wagons ont dû quitter les rails avant d'arriver au parapet; les roues des voitures, précipitées dans la rivière, se sont retrouvées en bon état, à l'exception d'une seule. C'est cette roue, rompue avant l'accident, qui a dû causer le déraillement.

Dans son Rapport, M. Stephenson annonce que, peu d'heures avant l'accident, il avait visité toutes les parties de cette construction, et que rien ne lui avait indiqué une insuffisance des dimensions ou une combinaison vicieuse des pièces.

Le tribunal ne s'est rendu à aucune de ces raisons ; il est resté convaincu que la rupture de la poutre n'était pas due au choc de la machine, du tender, d'un wagon, ou à un vice dans la maçonnerie ; mais qu'elle devait être attribuée aux dimensions de la fonte, insuffisantes pour résister aux trains à grande vitesse.

Le tribunal a déclaré, en outre, qu'il croyait manquer à son devoir en ne pas exprimant son opinion : « qu'aucun pont en fonte, même armé « de pièces de fer forgé, n'offre la garantie voulue « pour les express et les convois de voyageurs ; « il demande en conséquence, à Sa Majesté la « reine, qu'une enquête soit ouverte sur ces con« structions qui devraient être prohibées d'une « manière absolue, ou être rendues tellement so« lides, qu'elles résisteraient à des flexions jus« qu'à 15 centimètres, avec toute la sécurité dési« rable. »

L'enseignement direct à tirer de cette disposition, serait de faire subir à tous les ponts en fonte une visite rigoureuse, et sans chercher à doubler ces ouvrages avec des cintres, on pourrait néanmoins les renforcer au moyen de contre-fiches pour lesquelles on se servirait avantageusement des anciens rails qui, à cause d'une légère détérioration, ne servent plus dans la voie, mais qui offrent toutes les garanties du fer éprouvé ; c'est ainsi que je les ai vus appliqués à tous les ponts du chemin de fer de Bade.

D'ailleurs, pour se convaincre, tant de la nécessité des mesures prescrites par le parlement anglais que de la convenance des travaux de renforcement ordonnés par le gouvernement badois, on n'aurait qu'à soumettre nos ponts à une expérimentation scientifique, en observant les vibrations, les flèches de flexion et les effets de la dilatation; du reste, je ne pense pas qu'on fasse encore de nouveaux ponts en fer fondu.

La tôle a remplacé la fonte, les tubes ont succédé aux arceaux et aux poutres massives, et bientôt, j'en ai l'intime conviction, le système tubulaire sera remplacé à son tour par les treillages en fer laminé, d'après le système américain.

Ces grillages en métal ont tous les avantages, à un degré plus élevé, de la construction en tôle ou en fonte; ils n'offrent aucun des inconvénients de ces dernières matières; ils sont inflexibles, coûtent comparativement fort peu, s'appliquent à toute localité et présentent cette supériorité de laisser voir et toucher toutes leurs parties, quelque petites qu'elles soient; elles peuvent être ainsi visitées avec facilité et recouvertes immédiatement et sans échafaudages, de couches de peinture dans les endroits oxydés, tandis que, dans les cellules des ponts ou longerons tubulaires, l'oxydation peut faire des progrès qu'on n'apercevra que quand on aura démonté toutes les pièces, ou quand, un jour, des catastrophes auront détruit ces constructions ingénieuses et admirables à plus d'un titre, mais qui, par suite de l'impossibilité de visites journalières, ne pourront plus offrir à la longue toutes les garanties de sécurité.

Depuis quelque temps, on applique en Allemagne aux rail-ways les ponts en treillage de fer sur de faibles ouvertures : d'abord on avait hésité à abandonner les anciennes méthodes pour faire place à ce nouveau système ; mais maintenant tous les doutes sont levés à ce sujet : le pont d'Offenbourg, de 63 mètres d'ouverture, sur le chemin badois, près de Strasbourg, remplace un pont en arceaux de fonte emporté par les hautes eaux.

Le nouvel édifice, dont la conception appartient à M. l'ingénieur Ruppert, fait l'objet de l'admiration générale. De nombreux voyageurs viennent journellement de toutes les contrées pour l'examiner, et tous les touristes français qui se rendent en Allemagne s'arrêtent dans le charmant pays de Bade pour voir passer, à travers la nouvelle construction, toute transparente, les convois du chemin de fer.

L'établissement des rail-ways et leur exploitation sont soumis, en France, à la surveillance incessante des agents de l'État. Aucun terrassement, aucun ouvrage d'art, aucune pose de voie ne doit être exécuté sans vérification préalable; aucune machine ne peut circuler sans que les épreuves de résistance aient été faites par les ingénieurs des mines. Le chemin une fois livré à la circulation, cette surveillance se continue ; elle est, en outre, exercée journellement par des commissaires spéciaux qui résident sur les lieux. Ce mode d'administration est suivi sur tout le continent, et la France n'a rien à apprendre à ce sujet des autres nations. En Angleterre cette surveillance, à peu près la même dans le fond, ne diffère que dans la forme ; les chemins anglais ne sont visités qu'à leur ouverture par un agent royal qui porte le titre de *commissioner of railway ;* il peut autoriser ou défendre l'exploitation. C'est ainsi qu'en 1851 beaucoup d'ouvertures ont été retardées, les *commissioners* n'ayant pas reconnu une solidité assez grande dans les constructions, et ayant, en outre, trouvé que le matériel d'exploitation était insuffisant.

Acceptons maintenant les chemins comme dûment visités et reconnus solides, et examinons comment, malgré les réparations continuelles des pièces détériorées, ils arrivent à ne plus présenter toutes les garanties d'une circulation sûre et commode.

Comment se fait-il aussi que, malgré cette vigilance sévère et intelligente des agents du contrôle, que, malgré le travail constant des compagnies, la voie d'un chemin de fer puisse devenir mauvaise, et qu'une machine puisse présenter des défauts? C'est parce que, la plupart du temps, ces faits sont en dehors des calculs de la science, et que les personnes chargées de la surveillance ne peuvent pas toujours et à chaque instant visiter et vérifier par elles-mêmes les détails des services qui leur sont confiés.

§ VI.

POSE INEXACTE DE LA VOIE.

Dès qu'un chemin de fer est ouvert, les remblais commencent à se tasser, les talus des déblais non encore plantés descendent vers les fossés et peuvent encombrer la voie. Dans le premier cas, les rails sont à relever; ce travail doit être surveillé avec une attention toute spéciale, surtout aux abords des ponts dont les nivellements doivent être vérifiés, le plus souvent possible, avec des instruments de précision. C'est surtout pendant les fortes pluies et les inondations que des éboulements sont à craindre; dans ces moments, il serait très-prudent de placer des agents spéciaux à la traversée des cours d'eau, de doubler en cet endroit les brigades chargées de l'entretien, et d'ordonner aux employés de ne pas quitter la section de la ligne qui est confiée à leurs soins.

Cet affaissement du sol peut offrir les dangers les plus grands; la voie ne peut naturellement plus garder la position normale, et des déraillements et des chutes en sont la conséquence inévitable. Souvent on économise trop pour la largeur des remblais; leur base supérieure devrait être proportionnelle à la hauteur, afin que le tassement pût s'opérer sans préjudice pour la largeur de la couronne; il y a certains chemins où les gardes-ligne sont obligés de se placer sur les talus pour n'être pas touchés par les trains.

Afin de s'assurer du bon état de la voie comme de ses accessoires, il faut la visiter avant et après chaque passage de train. C'est là une mesure de la plus haute importance, qui du reste n'est jamais négligée avec de bons employés. L'assiette des fondations ainsi assurée, il peut arriver que les rails ne soient plus maintenus tant par suite de l'absence d'une attache assez solide, que de la pourriture des traverses et des longuerines, ou à cause de l'écartement des dés en pierre qui n'ont pas entre eux une liaison transversale; alors, dans un moment donné, la pression de la roue n'étant plus équilibrée par un appui assez solide, fait que le rail se renverse et sort de la voie. Il n'y a qu'une chose à faire, c'est de remplacer les supports dès qu'on s'aperçoit de leur détérioration ou de leur déversement. Un moyen très-simple se présente : au lieu de couvrir les traverses, il faut les dégager entièrement du ballast, car l'enfouissement dans le sol expose les bois à des alternatives de sécheresse en été, et d'humidité pendant la mauvaise saison, et hâte singulièrement la décomposition des fibres ligneuses ; cet enfouissement produit l'effet inverse de celui auquel on s'est attendu dans le principe, quand on a couvert entièrement la voie de ballast. On avait espéré placer les bois des supports dans une position semblable à celle des pilotis battus dans l'eau, pour les soustraire à une prompte détérioration et à une mobilité gênante pour le passage des trains. En outre, la pose de la voie sur le ballast permet une visite journalière, tandis qu'il faut, dans la première supposition, déblayer les traverses pour les examiner ; cette pourriture arrive quelquefois très-subitement, surtout dans le système de la pose sur des longuerines où l'eau n'a pas un écoulement facile, ce qui est une raison de plus à l'appui de l'abandon de ce dernier système dont je parlerai tout à l'heure.

Les rails avec des supports solides peuvent donner lieu à des déraillements par suite de l'absence de l'attache au joint ; des accidents de ce genre ne sont arrivés jusqu'à ce jour que dans les rails à joints mobiles, c'est-à-dire aux rails à coussinets, avec simple coin en bois, et aux rails en

U renversé. Le coin peut quitter le coussinet, quand, à l'état humide, il a été chassé dans le chair, le soleil peut le dessécher et il peut se desserrer; les trépidations des trains le font alors sortir facilement, et le rail n'est plus maintenu en ligne droite. — Dans les rails en U renversé (A) et à longuerines, les joints ne sont pas attachés du tout; ils reposent simplement sur une plaque en fonte fixée avec des crampons; le rail s'affaisse au joint où il est pressé par la roue; le rail suivant se trouve alors plus élevé et donne lieu à un balancement qui fait que la plaque s'incruste dans le bois, y pivote et détache les crampons qui devraient la retenir. C'est par cette raison qu'on entend sur les chemins de fer construits de cette sorte un choc à chaque point de jonction et un cliquetis des plaques qui heurtent les crampons ou les écrous des boulons, ainsi que le dessous du rail. Ce mode d'attache est inhérent aux longuerines qui sont abandonnées généralement par les administrations qui les ont employées dans le principe.

Ce sont souvent des causes infiniment petites qui produisent ces défectuosités dans la voie. Quoi qu'on fasse, et quelque inclinaison qu'on donne aux rails pour mettre leurs axes dans la ligne normale de la pression, ils sont toujours sujets à se déverser en dehors du chemin.

Pour remédier à ces inconvénients, je le répète, il n'y a qu'à considérer le joint comme une fracture et à fixer les rails d'une manière invariable par le moyen efficace qui consiste à visser ou plutôt à river deux plaques parallèles contre les joues des rails pour qu'elles les maintiennent dans la même position et pour éviter ainsi une solution de continuité qui peut avoir les plus graves inconvénients. Par cette attache invariable, tout en évitant d'une manière directe les déraillements, on améliore tout le système de la voie et on prévient en même temps les dégradations du matériel roulant. On voit par là qu'il faut en toute circonstance considérer un chemin de fer comme une machine de transport dont toutes les parties, quelque petites qu'elles soient, sont liées intimement entre elles. Chaque fois que cette machine présente des défauts, le travail s'arrête, et chaque fois qu'on ne parvient pas à en arrêter le mouvement, on peut donner lieu à de graves irrégularités.

§ VII.

FAUSSE POSITION DES CHANGEMENTS DE VOIE.

Une grande partie des accidents a lieu par suite de la fausse position des aiguilles ou changements de voie ; d'où il résulte immédiatement qu'il faut éviter autant que possible d'employer ces croisements, surtout dans les parties des lignes traversées par les express à grande vitesse. L'attention des constructeurs,—et c'est là un point essentiel,— s'est toujours portée sur l'étude de cette question, qui a la plus haute importance dans les chemins de fer à une voie.

Les changements de voie sont de deux sortes : ceux qui sont mis en place par des hommes et ceux qui se meuvent au moyen de contre-poids; l'usage des uns repose sur l'exactitude et l'intelligence des aiguilleurs, celui des autres sur le jeu du mécanisme : le rail reprend sa position primitive par un contre-poids, dès que les roues du dernier wagon le quittent. Si ces croisements manœuvrent bien, ils n'offrent aucun danger; mais qu'un corps dur, une pierre, par exemple, vienne s'intercaler entre le rail mobile et le rail fixe, il empêchera la fermeture, malgré le contre-poids, lequel ne doit pas être lourd au point d'écraser le corps dur; car alors il ne pourrait plus être déplacé par la roue. Si ce corps s'incruste dans l'intervalle des deux rails, après le passage de la locomotive, par suite des chocs du convoi, une partie des voitures suivra une route, tandis que l'autre prendra une direction opposée; alors le train se déchire et se renverse. Cela est arrivé trois fois en Angleterre en 1851, et de grands malheurs en ont été la suite.

C'est par une étude sérieuse et comparative de tous les systèmes de changements de voie et des services que ces mécanismes ont rendus, qu'on est arrivé aujourd'hui en France à résoudre cette question de la manœuvre des croisements par des aiguilleurs ou par des contre-poids, en faveur de ce dernier système. — Il n'en est pas de même dans les autres pays, où il règne encore beaucoup d'incertitude à cet égard. Ce travail sortirait de ce cadre; il trouverait sa place dans des recherches sur la construction et l'exploitation des chemins de fer.

§ VIII.

INSUFFISANCE DU NOMBRE DES GARDES-LIGNE.

Quoique les rails attachés invariablement donnent une plus grande stabilité à la voie, il faut cependant qu'ils soient surveillés attentivement et qu'aucune des précautions ordinaires ne soit négligée par les gardes-ligne qui seraient à échelonner à une distance de 2 kilomètres dans les chemins à grand trafic, afin que leur section soit constamment tenue en état de parfaite viabilité.

Il est toujours avantageux d'intéresser les gardes au bon entretien de leur canton. Il faudra pour cela choisir des sujets capables, et de préférence des hommes mariés, leur bâtir de petites maisons et leur donner une parcelle de terrain qu'ils auront à considérer comme leur propriété; ils s'attacheront alors à ce coin de terre sur lequel ils passent leur vie; on peut leur donner des gratifications qui, quelque faibles qu'elles soient, sont toujours un encouragement; en un mot, il faut les traiter avec douceur, mais avec sévérité, comme je l'ai dit au sujet des machinistes; car les gardes-ligne sont les mécaniciens de la voie ferrée.

C'est en hiver, et pendant les nuits surtout, qu'ils sont soumis à de rudes épreuves; souvent immobiles à leur poste, comme des automates de fer, ils sont exposés à la mort par refroidissement; — aussi dans tous les métiers, y compris celui de soldat, on n'en trouve pas de plus pénible, qui demande plus de persévérance, plus d'abnégation, et quelquefois plus d'intelligence, et qui, en résumé, offre moins de récompenses et de satisfaction, que le métier d'employé de la traction ou de la surveillance des chemins de fer.

Même sous le rapport financier, qui est nul dès qu'il s'agit de la vie des hommes, en suivant la méthode précitée, les Compagnies réaliseront des bénéfices.

Il est inutile d'insister sur ce point, quelque capital qu'il soit; presque toutes les administrations de chemins de fer l'ont compris; la science et leur intérêt les poussent constamment dans la voie du progrès et de l'initiative. Les caisses de retraite pour les employés, qui s'instituent partout, en sont une preuve.

Une deuxième partie du service confié aux gardes-ligne comprend la surveillance des passages à niveau. Ces passages sont les points faibles d'un chemin de fer. Dans l'origine de l'exploitation, ils ont souvent donné lieu à des accidents; si on les admet par suite d'une nécessité locale, il faut les placer perpendiculairement à la ligne qui doit être fermée, ainsi que la route, avec des barrières; sans cette mesure de précaution, on peut s'attendre journellement à des malheurs. Quelquefois on avait placé obliquement ces passages sur le chemin de fer que les voitures de roulage ont suivi, croyant n'avoir pas quitté leur route. Mais, d'un autre côté, la manœuvre de ces fermetures exige l'attention la plus soutenue, et dans beaucoup de cas elles ont offert de nouveaux dangers, au point qu'on a été forcé de les abandonner.

Dans l'établissement des lignes anglaises on est parti du principe, qu'il est plus sûr d'assurer la régularité du service par des dispositions mécaniques, que de s'en référer à la surveillance des employés; ces chemins sont généralement peu surveillés; on se contente de placer des clôtures très-serrées, et de supprimer d'une façon presque absolue les passages à niveau. Les routes ordinaires sont conduites en dessous ou en dessus du chemin de fer. On arrive ainsi à écarter tout encombrement de la ligne, du moment où les trains ne se trouvent plus en contact avec la circulation des voies publiques. En isolant ainsi le chemin de fer de toute communication extérieure, on obtient une sécurité assez grande, qui est augmentée encore par des brigades d'ouvriers ambulants, chargés de la visite de tous les détails de la voie.

Il serait utile d'examiner si cet exemple mériterait d'être suivi d'une manière générale. En tout cas, la suppression des passages à niveau contribue à l'augmentation de la douceur de la marche ; car les voitures ordinaires exercent dans ces passages des pressions irrégulières sur les rails, qu'elles déforment dans leur pose et dans leur attache aux joints. Dans des cas exceptionnels, tels qu'aux alentours des gares ou sur des chemins particuliers, on trouve des passages à niveau, qui sont alors surveillés d'une manière toute spéciale.

§ IX.

INSTABILITÉ DU CONVOI.

Il est facile de se rendre compte de la dégradation du matériel par suite du mauvais état de la voie. Si une comparaison était permise, on pourrait assimiler un chemin de fer en mauvais état à une route mal empierrée, avec des trous, des pierres saillantes ; on sait que les meilleures voitures se détériorent sur toutes ces routes ; — de même les wagons sur les rail-ways.

Il ne reste donc qu'à examiner comment une locomotive peut produire la détérioration, — je ne parle pas de l'usure, — d'une voie de fer établie d'une manière correcte ; ceci est un point très-délicat, et qui forme ailleurs le sujet d'une controverse. M. Lechatelier a trouvé que les machines construites suivant les principes pouvaient acquérir un mouvement serpentant,— former des lacets, capables, dans de certaines limites, de faire sortir les roues des rails. Après avoir suspendu dans l'espace une locomotive en feu, on a pu étudier ses mouvements irréguliers, auxquels on a remédié en équilibrant le mécanisme au moyen de contre-poids appliqués sur les roues motrices, et on est parvenu à les neutraliser en grande partie. De cette manière, on maintient la machine dans sa voie, qu'elle ne peut plus détériorer, comme le font les machines instables. Tel est le résultat des recherches savantes qui s'étend tous les jours, qui est compris et appliqué généralement en France, et qui ne tardera pas à l'être également dans les autres pays. L'usage des contre-poids une fois entré dans les habitudes sera un puissant auxiliaire pour retarder l'usure de la voie et du matériel, et, par conséquent, pour annuler ces mouvements si désagréables pour les voyageurs. Là où les machines ne sont pas équilibrées, et où la voie présente des irrégularités, les mécaniciens se tirent d'affaire en ralentissant momentanément la marche, si les lacets commencent à devenir inquiétants.

Outre ces lacets, il y a encore d'autres mouvements irréguliers dans les trains et dont on a emprunté les définitions au vocabulaire de la marine, en comparant une locomotive à un navire ; on distingue le roulis, le tangage de la machine ; mais ces derniers mouvements n'offrent jamais des dangers sérieux.

On peut remédier à cette instabilité sur les chemins à alignements droits par une mesure de sûreté et sur laquelle il y a lieu d'appeler l'attention des Compagnies : c'est l'accouplement très-serré de tout le train, dont toutes les parties doivent être rendues solidaires les unes des autres ; on tient en Angleterre avec une très-grande sévérité à ces mesures, dont l'absence paraît inexplicable sur d'autres chemins de fer, ceux de l'Allemagne du sud entre autres. Les tampons sont fortement pressés et les tendeurs très-serrés ; tout le train ne forme qu'une seule et même masse ; il se trouve alors beaucoup plus au pouvoir du machiniste, que si les wagons avaient du jeu et que s'ils n'étaient retenus que par des chaînes. Cette disposition est généralement appliquée en France : elle se retrouve sous une autre forme dans le matériel américain. Sous chaque wagon est adaptée une tige de fer qui, percée d'un trou à son extrémité, se superpose sur la barre du wagon suivant, par le moyen d'un boulon ou d'une cheville, passant exactement par les deux trous : ce système forme donc une seule et même barre flexible, mais inextensible. Dans ce cas le démarrage est peut-être plus difficile et plus lent, mais il n'y a pas lieu de craindre ni déchirures, ni chocs, ni déraillements partiels dans les changements de niveau et dans les courbes. En cas de rencontre, le danger est rendu moins grand, attendu que le choc est réparti sur une grande masse, et que les voitures heurtées ont alors moins à souffrir.

Le but que tous les constructeurs se proposent constamment, est d'obtenir des véhicules dont la marche régulière et dont la stabilité soient une garantie, tant pour le service que contre les accidents.

En France et en Angleterre, on tient, à quelques exceptions près, aux voitures à quatre roues pour les voyageurs et pour les marchandises. Les voitures à huit roues et à six roues ne s'y rencontrent qu'exceptionnellement.

On avait cru, sur beaucoup de chemins de fer, surtout en Allemagne, que les voitures à quatre roues offraient des dangers, qu'en Angleterre pas plus qu'en France on n'a reconnus; on n'attache pas dans ces deux derniers pays une grande importance aux avantages des voitures à six et à huit roues; avantages bien moins saillants que ceux qui sont offerts par les voitures à quatre roues, tant pour les manœuvres dans les gares, et pour le passage d'une voie sur une autre, que pour la composition des trains, et surtout pour le placement des plaques tournantes, dont les dimensions peuvent rester plus petites.

La supériorité des véhicules à plus de quatre roues est plutôt théorique que réelle; les partisans de ce système font valoir en sa faveur que, dans la composition du train, le nombre des wagons, et par conséquent celui des intervalles entre eux pouvant être plus petit, la résistance de l'air se trouve diminuée. Pour réduire, autant que possible, ces vides, on a raccourci, sur le chemin de Londres à Blackwall, les tampons, et on les a placés au-dessous des caisses, afin de n'avoir qu'un intervalle de quelques centimètres.

Quant à la stabilité, elle peut être obtenue par l'écartement des essieux et ne dépend pas d'une manière absolue du nombre des roues.

On n'a pas eu un seul accident à déplorer sur le

chemin de fer de Sceaux, exploité depuis sept ans. Faut-il en conclure que ce résultat soit dû au matériel articulé, employé sur cette ligne par M. Arnoux, à la faible circulation ou à la grande largeur de la voie, qui est de $1^{m},805$; sur les autres lignes elle est de $1^{m},44$? — C'est là une question difficile à résoudre. Mais ce qu'on peut assurer avec quelque certitude, c'est que, si jamais on se sert de ces voitures sur les chemins importants, les accidents provenant des déraillements n'y seront pas les mêmes que ceux auxquels le matériel rigide et indépendant peut être soumis.

Les expériences sur le matériel articulé ne sont pas encore assez nombreuses pour pouvoir fixer des limites précises à son emploi dans les pentes ; quant à la rapidité du trajet dans les courbes, elle n'est pas bornée par la construction du matériel, elle l'est plutôt par les convenances de l'exploitation, à l'égard des voyageurs qui ne pourraient pas se maintenir dans une position verticale en parcourant des courbes de 25 à 30 mètres de rayon ; dans les lacets, ils seraient ballottés de la manière la plus désagréable. Pour obvier à cet inconvénient, qui en outre pourrait entraîner des accidents, il faudrait ralentir la vitesse du convoi, ce qui est inadmissible dans un chemin de fer qui exige une marche rapide et uniforme. Il serait donc prudent de ne pas employer des rayons au-dessous de 100 mètres, et même pour éviter le passage brusque d'un alignement dans une courbe, il faudrait raccorder les lignes droites par des arcs de paraboles ; tel est du moins l'avis de la Commission chargée par le ministre des Travaux publics d'examiner les modifications que l'emploi des voitures articulées permettrait d'apporter dans l'exploitation des chemins de fer déjà construits, et dans les conditions de tracé des chemins de fer à construire. Le Rapport de cette Commission a été livré à la publicité, il se trouve inséré dans les *Annales des Ponts et Chaussées* (mars et avril 1853).

La tendance actuelle est de tracer des courbes à faible rayon et de faire des convois très-longs. Ces deux conditions ne pourront être réunies que dans le matériel articulé. Tout en y maintenant une grande vitesse, on obtiendra plus de sécurité que dans les trains rigides.

§ X.

DÉFECTUOSITÉS DU MATÉRIEL ROULANT.

La construction des voitures de chemins de fer laisse encore beaucoup à désirer, tant sous le rapport de la commodité que de la sécurité ; aussi on porte constamment des soins sur cette partie importante du matériel. Les voitures découvertes, les voitures *debout*, les voitures à simples banquettes de bois disparaîtront bientôt, et les voyageurs ne seront plus exposés aux intempéries des saisons; ils ne seront plus entassés par cinquantaines dans des compartiments, sans autre appui que les galeries de séparation ou les parois du wagon; bientôt ils seront tous commodément assis, et n'arriveront plus meurtris et fatigués au but de leur voyage. Ce n'est plus qu'une question financière. Depuis que la fabrication des véhicules est confiée aux soins des carrossiers, elle a fait beaucoup de progrès, en France surtout. Il n'en est pas de même dans les autres pays.

Si les voitures anglaises se distinguent par la douceur de leur marche et leur stabilité, ce qui provient de la bonne construction des ressorts, du peu de largeur de la caisse de la voiture et de l'accouplement très-serré; d'un autre côté, l'élégance et la commodité font défaut à ce matériel, qui, sous ce rapport, ressemble beaucoup à celui des lignes du nord de l'Allemagne.

Les dispositions commodes, qui manquent complétement aux voitures à voyageurs, se retrouvent dans celles destinées au transport des marchandises. Les nouveaux wagons possèdent un toit en zinc ou en fer galvanisé, qui se maintient par sa propre rigidité. Des portières sont pratiquées dans les parois, mais le plus souvent le toit est percé au milieu, afin que le déchargement des colis puisse se faire au moyen de grues dont les gares et les magasins sont pourvus en nombre suffisant.

Les wagons à marchandises sont presque toujours construits en bois ; cette matière est remplacée exceptionnellement par le fer, surtout quand il s'agit du transport des houilles et du coke. Il n'y a pas lieu de croire que ce système de voitures en fer se généralisera en France, par suite de la grande facilité de leur déformation résultant des chocs.

On n'emploie pour la construction des voitures anglaises que des bois exotiques apportés par les navires de l'Inde en grande quantité et comme lest ; le prix de ces bois est même au-dessous du chêne de première qualité. Ces bois ne sont pas peints, mais simplement polis ; ce qui ne serait plus praticable dans un pays moins nébuleux que l'Angleterre.

Tout en recherchant la commodité et l'élégance des véhicules, il faut obtenir une solidité à l'épreuve de toutes les détériorations auxquelles ils sont exposés. Les voitures légères peuvent, dans les chocs, se briser facilement, et les voyageurs peuvent être jetés dehors ; dans les voitures excessivement solides et massives, ils sont renversés pêle-mêle et se blessent contre les parois ou les angles saillants, répandus à profusion dans l'intérieur. La recommandation faite généralement, de garnir de bourrelets toutes les parties saillantes, n'est guère observée. Dans beaucoup de voitures élégantes on trouve des ornements, des sculptures très-gênantes même pour la libre circulation dans l'intérieur.

En Angleterre, le matériel roulant a dû être construit plus solidement qu'en France, où les wagons ne sont pas susceptibles, jusqu'à présent, de passer successivement sur toutes les lignes, d'être fréquemment soulevés à une hauteur considérable, et de rester longtemps absents de leur véritable lieu d'origine, où seuls ils peuvent être soumis à une visite rigoureuse et à de grosses réparations.

Il n'est pas encore arrivé d'autres accidents aux caisses des voitures que leur destruction par le feu ou par les collisions.

Ce sont les essieux, les roues, les mécanismes des attelages qui jusqu'à présent ont fait défaut. Par la rupture des attelages, des parties de convoi séparées de la locomotive ont glissé, abandonnées à elles-mêmes, sur des pentes, et ont heurté des véhicules en stationnement ou venant en sens opposé. Il faut donc porter les soins les plus minutieux dans la visite des barres d'attelage et des chaînes de sûreté; car les réparations qui n'ont été ni prévues ni faites à temps, par suite de négligence ou d'incapacité d'un agent du matériel, entraînent presque toujours des accidents. — Sur un chemin de fer près de Manchester, en 1852, la chaîne d'attelage, qui reliait deux locomotives à un convoi de cinquante voitures, s'étant rompue, les machines marchèrent seules et s'arrêtèrent imprudemment; le train les suivit avec une violence telle, que plusieurs voitures furent brisées et un grand nombre de voyageurs grièvement blessés.

Dans les locomotives comme dans les voitures, les fusées des essieux, les boîtes à graisse peuvent s'échauffer; on reconnaît cet accident au bruit du grippement et à l'odeur de la graisse ou de l'huile brûlées; il faut alors arrêter et jeter de l'eau avant de graisser de nouveau. Si les tiges des tiroirs ou des pistons, ou les glissières, ou les coussinets des bielles s'échauffent, il faut les lubréfier avec toutes les précautions voulues, et surtout ne pas oublier de les visiter à chaque station d'arrêt. Le grippement des cylindres provient d'un excès de serrage des segments du piston; le couvercle du cylindre peut être brisé par suite de rupture des pièces du piston, une tige de piston ou de tiroir peut casser, les pompes peuvent cesser de fonctionner; dans ce cas, il faut également arrêter et desserrer, si on ne veut pas risquer de mettre la machine hors de service.

Les pièces qui portent la locomotive sont aussi soumises à des chances d'accidents qui peuvent entraîner la chute ou le déraillement du convoi. Les bielles rompues peuvent s'arc-bouter sur le sol, soulever la machine et la faire sortir des rails.

Les ressorts, les bandages trop serrés peuvent se rompre, surtout au début de leur service, si l'on n'a pas apporté tous les soins désirables à leur fabrication; les rebords des roues peuvent se détacher; si toutes les pièces tiennent encore, il faut ralentir sans délai, et donner les signaux employés en pareil cas.

Le tender n'est pas sujet à des avaries particulières, à moins que le frein ne manque son effet, et les mesures de précaution à prendre, en cas d'accident, sont les mêmes que celles usitées pour la locomotive.

Mais parmi tous les accidents graves auxquels le mécanisme d'un train est exposé, la rupture de l'essieu de la locomotive peut être placée au premier rang.

§ XI.

RUPTURES D'ESSIEUX.

L'événement arrivé au mois de mai 1842 sur le chemin de fer de Paris à Versailles (rive gauche), et qu'on attribue à la rupture de l'essieu de la machine, a fixé, à juste titre, l'attention générale sur la construction des locomotives et sur la fabrication des essieux, dont la forme, la résistance et la durée laissent peu à désirer aujourd'hui. Leur rupture devient de plus en plus rare en France. Cependant il ne faudrait pas s'arrêter dans la voie du progrès, et attendre qu'un événement funeste fît encore un appel à la science des métallurgistes et des constructeurs. Les essieux nouveaux répondent à toutes les exigences d'une exploitation sûre et régulière ; mais en sera-t-il toujours ainsi, et les essieux ne finiront-ils pas par s'altérer dans leur service prolongé, ainsi que cela est déjà arrivé sur plusieurs chemins de fer ? ensuite, à quelles causes faut-il attribuer cette altération, et à quels signes la reconnaître ? A l'égard de ces questions, les idées individuelles prédominent ; elles sont basées sur des expériences isolées, sans point de comparaison, et elles varient suivant les localités. Dans la fabrication, cette divergence d'opinions n'a pas une grande importance pratique ; elle peut être justifiée par la nature du métal. Mais ce qu'il importe de connaître, c'est la limite de l'emploi des essieux une fois mis en circulation.

Toute la sécurité et l'économie de l'exploitation reposeront sur la solution de ce problème, dès que le renouvellement total du matériel et de la voie sera arrêté ; en France, ce cas ne s'est pas encore présenté, mais cela a déjà eu lieu dans d'autres pays.

Aussi on s'est déjà beaucoup préoccupé de cette

altération des essieux, et on a fait valoir, pour expliquer ce phénomène, des hypothèses plus ou moins plausibles sur les mouvements et les vibrations moléculaires; d'un autre côté, on a fait fort peu d'expériences, et cependant c'était par là qu'on aurait dû commencer. Cette idée, du reste, a déjà été émise dans le Rapport présenté par M. de Boureuille, au nom de la Commission instituée en **1842** pour rechercher les moyens propres à éviter les accidents sur les chemins de fer. Ce résumé, inséré dans les *Annales des Ponts et Chaussées* et les *Annales des Mines*, indique un appareil pour soumettre les essieux des chemins de fer à tous les mouvements et à toutes les résistances auxquels ils sont exposés dans l'exploitation. Avec cette méthode, on parviendrait évidemment au même résultat qu'en opérant avec des essieux qui auraient déjà fait un long service. Cet appareil devant marcher continuellement, permettrait d'arriver plus vite au calcul du parcours de cristallisation, en tenant toutefois compte du changement de la nature du métal par les variations de température.

Le gouvernement d'Autriche a eu la même idée, et il a le mérite de l'avoir mise à exécution, il y a quelque temps, à la suite des ruptures presque journalières des essieux du chemin de l'État, et qui s'étaient parfaitement bien maintenues pendant cinq ans.

Voici les expériences qui ont eu lieu, et que j'ai citées dans le *Journal des Chemins de fer*, pour répondre à un vœu exprimé par la Société des ingénieurs civils de Paris, que l'amplitude des extensions ou des compressions que le fer peut subir serait à déterminer par une expérience spéciale.

L'appareil se composait d'un essieu coudé, fortement encastré à l'extrémité droite et posé à l'endroit du coude dans un palier, et qui a été soumis à la torsion au moyen d'une roue dentée dans laquelle s'engrenait l'extrémité du coude aplati. A chaque tour l'angle de torsion était de 24 degrés. Le choc a été produit chaque fois que la barre quittait une dent pour être relevée par la dent suivante. Un compteur adapté à cet appareil a facilité le comptage du nombre des révolutions et des chocs. Des essieux, au nombre de sept, soumis à ces efforts, ont donné les résultats suivants :

1° Le mouvement a duré pendant une heure ; il a produit 10 800 révolutions et 32 400 chocs. L'essieu, d'un diamètre de $0^m,066$, a été extrait de l'appareil et cassé au milieu au moyen d'une presse hydraulique. Aucun changement dans la contexture du fer n'a été visible.

2° Un nouvel essieu, éprouvé pendant quatre heures, a supporté 129 000 torsions, et a été également brisé au moyen de la presse hydraulique. A l'œil nu on n'a pu découvrir aucune altération du fer sur la surface de rupture ; cependant, au microscope, les fibres se sont présentées sans adhésion et comme une agrégation formée par des aiguilles.

3° Un troisième essieu a été soumis pendant douze heures à 388 800 torsions et rompu ensuite au milieu. Un changement dans la contexture et un grain plus gros a été observé à l'œil nu.

4° Après 120 heures et 3 888 000 torsions, l'essieu a été cassé en plusieurs endroits; il a fait voir dans sa contexture un changement considérable, qui a été le plus frappant vers le milieu; la cassure à gros grains a diminué aux extrémités.

5° Un essieu, soumis à 23 328 000 torsions pendant 720 heures, a changé complétement de nature; la cassure du milieu a été cristalline, mais peu écailleuse.

6° Après dix mois, pendant lesquels l'essieu a été exposé 78 732 000 fois à la torsion et aux chocs, la cassure produite par la presse hydraulique a fait voir clairement une transformation absolue de la structure du fer; la surface de rupture a été écailleuse comme de l'étain.

7° Enfin, comme dernier essai, un essieu, soumis à 128 304 000 torsions, a présenté une surface de rupture semblable à celle de l'expérience précédente. Les cristaux étaient parfaitement définis, et le fer avait perdu totalement l'aspect du fer forgé.

De ces expériences, on peut conclure que la torsion jointe aux chocs exerce une notable influence sur la contexture du fer, en changeant le fer fibreux en fer cristallin. Il est vrai que quand un essieu se brise, il a subi des torsions extraordinaires, car la rupture peut aussi être la conséquence de l'accident; de même qu'un essieu brisé peut produire un déraillement, un déraillement peut, à son tour, produire la rupture d'un essieu. Les essieux droits se rompent dans la fusée, les essieux coudés près de la partie formant manivelle.

Examinons maintenant les causes de ces mouvements irréguliers qui entraînent cette altération.

Les chocs proviennent d'abord des inégalités de la voie (*les bosses*), de la flexion des rails, de la dépression momentanée des rails à leurs points de jonction, des mouvements de lacets, et ensuite du poids propre de la machine et des voitures, et qui pèse inégalement sur les ressorts.

Les torsions sont produites par l'inégalité de parcours des roues à jantes coniques sur les rails, dans les courbes; l'une des roues glisse, pendant que l'autre roue tourne; cette inégalité de mouvement d'un cône sur une surface plane trouve son correctif dans la torsion de l'essieu, laquelle cesse dès que son intensité, qui correspond à la force d'élasticité du fer, atteint son maximum. La torsion a lieu aussi dans les alignements droits, par suite de l'inégalité des diamètres d'une paire de roues, par des différences dans la section de leurs bandages, par l'inégalité d'inclinaison des rails, ou enfin par la divergence dans la position des essieux. On peut remédier à ces défauts par un ajustage correct, ainsi que par un fort bombement des rails, car plus ces derniers sont plats, plus l'effet de glissement se fait sentir.

Le nombre des roues influe sur les effets de la torsion ; il serait à désirer que des expériences comparatives fussent faites avec des voitures à quatre, six et huit roues. La pratique seule pourra résoudre cette question, laquelle ne peut pas être embrassée dans tout son ensemble par la théorie. Il en est de même de la reprise de l'ancienne structure du fer, soit par la chaleur, soit par des vibrations. La température atmosphérique exerce aussi une grande influence sur l'état des essieux ; aux premières gelées et à la suite de grands dégels, le nombre des essieux brisés peut devenir considérable.

Presque tous les inconvénients qui viennent d'être signalés sont inhérents au chemin de fer même, et il serait impossible de les faire disparaître en entier. C'est donc vers la recherche des essieux assez forts pour vaincre toutes ces difficultés que les esprits se dirigent. Par la suppression du collet, qui constitue un plan de rupture, on a déjà évité bien des accidents ; ainsi, sous le rapport de la forme, je le répète, les essieux ne laissent plus rien à désirer. Quant à la fabrication et le choix du métal en France, on ne fait pas d'innovations ; en Allemagne, on emploie des essieux en acier ; en Angleterre, on adopte actuellement des essieux creux, des essieux tubulaires; sur deux des plus grandes lignes, ce nouveau système a été favorablement reçu; on l'a appliqué aux locomotives à grande vitesse qui sont placées dans les conditions les plus défavorables. C'est moins sous le rapport de l'économie du fer, qui est le quart de celui des essieux solides, que sous le rapport de la résistance, que les cylindres creux semblent l'emporter sur les essieux pleins. Des expériences entreprises dans le but de constater ces faits parlent en faveur du nouveau système.

Cependant tous ces essais sont encore trop isolés, et la pratique n'a pas encore suffisamment consacré la valeur de ces nouvelles méthodes, pour qu'on puisse conseiller de les mettre à la place des procédés de fabrication actuellement en usage.

En attendant, il sera toujours utile de porter un grand soin dans la réception des essieux; ce travail se borne généralement à prendre au hasard, dans une fourniture, un certain nombre de ces pièces et à les soumettre à des chocs jusqu'à rupture; on conclut de la résistance de ces essieux à la qualité de la fourniture totale. Ce procédé est loin d'être satisfaisant; il est basé sur un choix plus ou moins hasardeux qui ne peut donner que des résultats très-incertains. Comme il n'est pas prudent d'employer un mode d'épreuve qui pourrait altérer les qualités du fer, tel que celui usité dans l'artillerie, on a cherché une manière d'expérimentation qui permet d'opérer sur l'essieu directement, sans dépasser les limites de l'élasticité du fer; on charge les essieux jusqu'à cette limite, et on évalue leur résistance d'après les flèches de flexion. Les essieux les plus faibles sont ensuite brisés pour pouvoir servir à l'inspection du grain du métal.

On voit de nouveau par ces incertitudes combien il est nécessaire de soumettre cette question et tous les détails qui s'y rattachent au contrôle de la statistique. Cette nécessité a, du reste, déjà été constatée.

D'après l'ordonnance royale de 1846, portant réglement d'administration publique sur la police, la sûreté et l'exploitation des chemins de fer, il sera tenu, outre des états de service pour toutes les locomotives, des registres spéciaux pour tous les essieux de locomotives, tenders et voitures, et sur lesquels, à côté du numéro d'ordre de chaque essieu, seront inscrits sa provenance, la date de sa mise en service, l'épreuve qu'il peut avoir subie, son travail, ses accidents et ses réparations; à cet effet, le numéro d'ordre sera poinçonné sur chaque essieu. Ces registres seront présentés, à toute réquisition, aux ingénieurs et agents chargés de la surveillance du matériel et de l'exploitation.

Les essieux sont soumis à une deuxième chance

d'accident : ils peuvent se fausser et occasionner des déraillements, surtout au passage des aiguilles, par suite de leur position irrégulière à l'égard du plan des roues; ils entraînent aussi l'usure inégale des boudins des roues, et par conséquent des rails. Le faussage des essieux peut être attribué à des chocs provenant d'un changement de voie trop brusque, à une charge qui dépasse leur limite d'élasticité, ainsi qu'à l'inégalité d'usure des bandages.

Il serait donc très-utile, pour éviter l'emploi des essieux faussés, de les soumettre à une inspection rigoureuse.

A défaut d'essieux à l'abri des chances de rupture ou de détérioration, on a proposé plusieurs inventions pour parer aux conséquences fâcheuses de ces accidents. Tous ces systèmes peuvent être ramenés à deux types : des galets se plaçant sur les rails en avant de la locomotive dirigeraient la machine jusqu'à l'arrêt. Cela suppose que le bris d'un essieu entraîne toujours un déraillement, ce qui n'est pas. En outre, par ce procédé on ne s'apercevrait pas assez à temps de la rupture de l'essieu. — En second lieu, on a proposé des tiges munies de patins et attachées au châssis de la locomotive, et destinées à se placer le long de la voie. Les inconvénients que cette invention créerait seraient plus considérables que ceux auxquels on a tâché d'obvier. Ces patins briseraient la voie ou se briseraient eux-mêmes sans maintenir la machine en équilibre; et, s'ils étaient assez solides pour résister à ce choc, ils donneraient lieu, par leur poids, infailliblement à des désastres.

Aussi, quant à présent, pour assurer la sécurité des convois en cas de rupture d'essieu, les dispositions mécaniques font défaut; il n'y a qu'à s'en référer à l'habileté du machiniste qui, par des manœuvres promptes et intelligentes, au moment où la machine commence à osciller, préviendrait les suites fâcheuses d'un accident.

Maintenant, en résumé, pour éviter la rupture des essieux, autant que possible, il s'agit :

1° De perfectionner les procédés de fabrication;

2° D'expérimenter les essieux en acier et les essieux creux;

3° De soumettre la question de la rupture des essieux au contrôle de la statistique technologique;

4° De faire subir à tous les essieux les épreuves par la flexion, et de les faire passer par une visite journalière;

(*En 1843, le gouvernement belge a déjà prescrit cette dernière mesure.*)

5° Enfin d'examiner comparativement le côté pratique de toutes les inventions faites à ce sujet.

On trouvera probablement que je me suis trop étendu sur la question des essieux; depuis longtemps aucun sinistre n'est résulté de la rupture de ces pièces; mais il me semble qu'il ne faut pas attendre ce moment pour réveiller l'attention des constructeurs sur cette partie importante du matériel.

§ XII.

DÉFAUTS DE RAILS.

Les rails sont soumis, outre leur usure inégale, à trois chances d'accidents qui peuvent entraîner des déraillements; ce sont : l'exfoliation, la courbure et la rupture.

L'exfoliation est le résultat d'une mauvaise fabrication, ou du patinage des wagons par l'emploi des freins; la courbure provient d'une disproportion entre le profil du rail et le poids du train; — enfin la rupture est produite, lorsqu'elle n'est pas le résultat d'un vice de fabrication ou d'influences atmosphériques, par le choc des roues dont le bandage extérieur formant la jante, se trouve usé inégalement. Ce rebord peut porter sur le coussinet, soulever la roue et la faire retomber sur le rail.

La rupture des rails est assez fréquente, mais

elle entraîne rarement des accidents graves dans les alignements droits; elle est plus dangereuse dans les courbes, et comme elle est en quelque sorte en dehors des prévisions humaines, on ne peut vraiment pas indiquer de moyen direct pour la prévenir.

Pour pouvoir se rendre un compte exact de ces faits, il faudrait en connaître l'origine, il faudrait avoir le moyen de constater si cette rupture commence par une fissure, qui s'agrandit, pendant longtemps peut-être, ou si la rupture peut arriver par la simple pression, ou par le choc de la roue quand elle saute par-dessus un corps étranger, une surélévation, une bosse. Avant que cette recherche soit faite, il est très-difficile de se prononcer à ce sujet; il s'agit de constater minutieusement toutes les ruptures de rails, sur tous les chemins. On verra peut-être par là que le choc ne peut entraîner la rupture que sur les rails à attaches mobiles; — ce qui produirait un nouvel argument en faveur des attaches fixes.

Le profil des rails paraît ne pas exercer une grande influence sur leur détérioration, car une seule et même forme, employée sur divers chemins, a parfaitement résisté à des machines très-lourdes, quand, d'un autre côté, ces rails se sont brisés sous le choc de locomotives plus légères, avec une circulation égale.

Il n'y a pas de règle générale à ce sujet; la diversité des profils en est la preuve. Dans cette masse de formes de rails on peut distinguer six espèces principales :

1° *Le double champignon*, ou double T, usité en France et en Angleterre;

2° *Le simple champignon*, ou simple T, employé en Belgique;

3° *Le rail Brunel*, U renversé, adopté en Angleterre;

4° *Le rail américain à simple champignon et à large base, ou rail de Vignoles*, T renversé, des chemins de fer d'Allemagne;

5° *Le rail Barlow*, V renversé, essayé en Angleterre et en France;

6° Enfin le *compound rail, rail de Winslow*, rail fendu dans toute la longueur et vissé, dont les Américains font usage.

On est entré dans la voie des essais en grand; on emploie, en France, le rail de Barlow, de même que le rail Brunel, et ce dernier, juste au moment où d'autres chemins de fer qui s'en sont servis pendant dix ans l'abandonnent définitivement et le renvoient dans les usines. On voit par là de nouveau l'absence de toute méthode; la statistique technologique seule pourra indiquer la marche à suivre dans cette circonstance, et il faudra pour cela, je le répète, faire le décompte de tous les rails et de tous les déraillements; ce n'est qu'alors qu'on pourra se prononcer d'une manière positive à ce sujet, et qu'on verra si effectivement le profil des rails exerce de l'influence sur ces sortes d'accidents ; on connaîtra ensuite la section qui offre le plus de sécurité, et qui, sans nul doute, sera immédiatement adoptée par toutes les lignes nouvelles. Dans un problème aussi simple, comme dans toutes ces questions scientifiques, il ne peut y avoir qu'une seule solution ; mais la science n'est pas assez avancée pour la donner *à priori*.

Cependant aujourd'hui on voit partout une tendance à donner à la tête du rail une surface très-bombée, afin d'empêcher les roues de porter sur les bords des rails et d'y produire l'exfoliation.

Du reste, les rails sont maintenant fabriqués avec le plus grand soin, surtout depuis que les méthodes de laminage se sont perfectionnées à un point qui ne laisse plus beaucoup à désirer ; d'ailleurs, les fabricants, surveillés par les agents des Compagnies, ont un grand intérêt à ne pas commettre de faute ; ces derniers devraient surtout veiller à la suppression de la scie circulaire pour affranchir les rails. Cet instrument est très-expéditif, mais il a le grave inconvénient de disjoindre les fibres du fer, précisément dans la partie du rail où il est le plus important qu'il soit le mieux soudé ; dans plusieurs usines, la scie a été abandonnée, on y affranchit les rails à la tranche ; ce procédé est plus lent, mais il a l'avantage de ne pas altérer la nature du fer, et de diminuer de beaucoup le nombre des pièces mises au rebut.

Les rails, sollicités par des forces mécaniques, sont soumis en même temps aux influences atmosphériques : leur rupture peut être la suite du froid, et une température élevée peut également donner lieu à une irrégularité qui heureusement est fort rare.

La dilatation des rails par la chaleur peut les faire sortir de la voie et être la cause de déraillements. En 1842, sur le chemin de Saint-Étienne, un rail a été lancé à 3 mètres en dehors de la voie par suite d'un effet de dilatation ; ce qui prouve qu'il faut apporter les soins les plus minutieux dans la pose, et laisser l'intervalle voulu dans les joints. Sur le même chemin, en 1844, quelques rails fortement dilatés s'arc-boutèrent à tel point, qu'ils se soulevèrent dans le coussinet de joint ; la locomotive, en passant, fit abaisser le premier rail et dérailla en se heurtant contre le rail suivant.

Un rail rompu peut faire casser les roues qui portent sur les coussinets, et entraîner le déraillement.

La rupture des coussinets seuls n'est pas très-rare; elle peut provenir des défauts dans la fonte, ou être occasionnée par les roues dont les jantes fortement usées portent sur les chairs. Dans ces circonstances comme dans le bris d'un essieu, les contre-rails ne paraissent donner aucune garantie; ils offrent au contraire plus de danger: il est vrai qu'ils peuvent arrêter la tendance des roues à sortir de la voie, et être appliqués avec avantage sur des viaducs très-longs; mais ils servent peu quand les voitures prennent des mouvements de lacets ou quand une fois elles sont sorties de la voie. La fausse position d'un contre-rail a produit, en 1846, un déraillement sur le pont d'Irwell du chemin de fer de Lancashire.

En attendant, pour prévenir ces accidents autant qu'il est possible de le faire, il faut porter les plus grands soins dans la surveillance du travail des usines, dans la réception des rails, les visiter très-minutieusement sur le chemin de fer, et à des époques assez rapprochées; cela se fait déjà dans toutes les Compagnies auxquelles on est parvenu à imprimer une bonne direction.

Avant de passer à l'analyse du service des signaux, dont une partie est confiée aux gardes-ligne, et dont l'inobservation donne presque toujours lieu aux collisions, il me reste à signaler une dernière espèce d'accident, heureusement fort rare, — l'incendie.

---

§ XIII.

INCENDIES.

Les incendies causés par les chemins de fer étaient très-fréquents dans l'origine de l'exploitation; aujourd'hui ils sont devenus très-rares, grâce aux mesures de précaution et au perfectionnement des appareils de locomotion ; aussi ne se présentent-ils plus qu'à des intervalles très-éloignés.

L'enveloppe de la chaudière qui consiste dans du feutre et du bois, pour empêcher le refroidissement du métal, peut s'allumer quand le feutre est calciné. Un machiniste attentif s'en aperçoit de suite ; il puise de l'eau dans le tender et la jette sur les parties en feu ; cet accident n'a jamais eu des suites graves ; il rentre plutôt dans les détails de la conduite de la machine.

Il n'en est pas ainsi de l'incendie qui s'allume dans les ponts, dans le convoi, dans les bâtiments situés le long de la route ou dans les traverses ou longuerines par des flammèches échappées de la cheminée de la locomotive, ou par des morceaux de coke incandescent tombés du cendrier. En 1847, le pont d'Hanwel, sur le chemin du Great-Western, a été incendié par des fragments de coke sortis de la locomotive, et la circulation a été interrompue. — Le transport des substances fulminantes sur les chemins de fer n'entraîne que trop souvent des explosions et des incendies ; il serait utile de rechercher un moyen, — c'est un point à indiquer aux inventeurs, — pour éviter ce genre d'accidents.

Afin de pouvoir jeter le feu, on a rendu les barreaux des cendriers mobiles ; ces barreaux peuvent tomber sur les rails, et le coke peut causer l'incendie du convoi. On trouvera, peut-être, une disposition qui permettra d'éteindre le feu d'une autre façon ; le mécanisme qui consiste à ouvrir un robinet placé dans la paroi de la boîte à feu, afin d'inonder le foyer, devra être examiné ; il ne se trouve encore qu'à l'état de projet. — Cependant, par suite des améliorations introduites dans la construction des chapeaux des cheminées ou dans les cendriers, ces accidents perdent de plus en plus de leur importance. Il y a quelques années encore, les craintes à ce sujet étaient très-exagérées. On avait même supprimé les locomotives, par mesure de sûreté publique, sur un chemin de fer qui passe par-dessus tout un quartier de Londres, et l'on a été obligé de le desservir au moyen de câbles, tirés par des machines fixes. L'expérience a démontré l'inutilité de cette mesure, et la Compagnie a été mise à même d'enlever les câbles et de continuer le trajet avec des locomotives.

Parmi les désastres exceptionnels occasionnés par le feu, on peut citer l'explosion produite par un chargement de poudre indûment placé dans un convoi de marchandises sur le chemin de Glasgow, en 1850; — la destruction d'une partie du viaduc de Birmingham, occasionnée par explosion de gaz d'éclairage, qui s'était infiltré dans une cavité de la maçonnerie par une fissure des tuyaux de conduite placés le long de ce viaduc; ce gaz s'est allumé par le contact de la partie incandescente de la locomotive; cela est du moins l'opinion des commissaires, émise dans un Rapport officiel. — Ces faits extraordinaires ne sont cités que pour prouver l'utilité des précautions les plus minutieuses et de l'attention la plus tendue dans les moindres détails d'une exploitation de railways.

Les incendies qui sont dus à l'imprudence des voyageurs ont encore lieu quelquefois. J'ai vu dernièrement une famille anglaise, préparant son déjeuner au moyen de lampes à esprit-de-vin placées sur la table d'une voiture à salon; au moment du départ du train, le moindre choc eût pu renverser cette cuisine improvisée et eût donné lieu infailliblement aux plus grands malheurs. Je n'ai eu qu'à signaler ce scandale pour le faire cesser sur-le-champ; c'est, je crois, le moyen le plus simple qu'on puisse employer dans ces circonstances, pour se mettre en garde contre l'imprudence de ses compagnons de route : il faut s'adresser immédiatement à un employé du convoi.

§ XIV.

INOBSERVATION DES SIGNAUX.

Il n'y a guère de règle générale à indiquer sur les signaux, dont le service appartient presque à toutes les branches de l'exploitation et qui doivent pouvoir être donnés et compris par tous les agents de la voie et du matériel.

Les signaux peuvent être divisés en trois classes :

Les signaux mobiles et acoustiques, donnés directement par les employés : le drapeau ou la lanterne, le son du cor et du sifflet;

Les signaux fixes mus par des mécanismes : les disques, les réverbères, les pétards, les télégraphes optiques ou aériens ;

Enfin les télégraphes électriques.

Tous les signaux sont bons quand ils sont bien observés, quand ils peuvent être vérifiés et compris ; là est la difficulté d'application qui appelle l'étude constante de l'ingénieur, pour arriver à prévoir tous les cas possibles : l'extinction des lanternes, les brouillards épais, les rafales de neige, la rupture des fils de télégraphe. Ce sujet trouverait sa place dans un traité de l'exploitation des chemins de fer. Les signaux sont le plus compliqués dans les chemins à simple voie, et y jouent le rôle le plus important; ils sont pour ainsi dire la base de ce service: aussi, comme on n'a pas reconnu leur infaillibité, car ils demandent à être aperçus et compris à temps, on a souvent posé la question, si les chemins à simple voie présentaient plus de chances d'accidents que les lignes doubles. On n'a jamais résolu cette question d'une façon absolue, car la théorie n'admet pas de collisions; quant à la statistique, elle devrait au besoin indiquer la marche vers une solution; il n'en est pas ainsi, les résultats fournis par cette science moderne sont contradictoires. Dans le royaume de Wurtemberg, il n'y a jamais eu de choc sur les chemins qui sont à simple voie; dans le grand-duché de Bade, il n'y a eu qu'un seul choc désastreux, depuis l'ouverture, en 1840, c'est à l'entrée d'une gare et justement dans la localité où il se trouvait des doubles voies. Je suis loin d'essayer de trancher cette question; car les opinions opposées sont défendues par les hommes les plus compétents.

Les signaux infaillibles ainsi que les moyens d'arrêter le convoi instantanément en cas d'inobservation des signaux, et de prévenir le déraillement et les chocs, ont été le sujet des préoccupations de tous les inventeurs; ils admettent ces accidents, dans leur tentative pour en atténuer la gravité, comme une partie intégrante de l'exploitation, comme une fatalité inévitable, et ils cherchent à trouver les moyens préservatifs : tantôt ce sont des parachocs, des machines à air comprimé pour faire manœuvrer les freins; tantôt des glaces à mettre sur la locomotive pour y refléter le convoi; on a même imaginé des lunettes d'une forme particulière qui permettraient d'apercevoir de très loin les convois venant en sens opposé sur la même ligne ; on ferait faire ainsi au machiniste le service d'une vigie, comme si les trains étaient destinés à marcher les uns contre les autres, et comme si ces lunettes pouvaient servir pendant la nuit dans les brouillards, dans les courbes ; en un mot, dans toutes les circonstances où les rencontres sont dangereuses, les lunettes ne peuvent être d'aucun usage.

Je ne m'étendrai pas davantage sur cet objet, et je ne chercherai pas à réfuter par une critique stérile l'application de ces découvertes qui souvent ne manquent pas de présenter un côté utile ; elles dénotent une intention louable de la part de ces hommes qui veulent se rendre utiles à leurs semblables, et qui, à ce titre, méritent des égards ; mais il serait à désirer que ces efforts se dirigeassent dans un but plus pratique vers les perfectionnements des machines, des méthodes de fixation des rails, des croisements, des signaux de correspondance entre les employés des trains, pour signaler la rupture d'une chaîne ou d'un bandage, en un mot vers tous les détails indispensables pour assurer la régularité du service, et dont plusieurs en usage à l'étranger sont encore inappliqués sur les rail-ways français.

Ce n'est qu'en centralisant toutes ces inventions et en les soumettant à une expérimentation directe, qu'on pourra en obtenir des résultats utiles.

On lit à ce sujet dans l'*United-States Journal*, qu'une Société d'inventeurs s'est formée à New-York, sous le nom de : « *The american and foreign patent agency Company* ; » elle a pour but d'introduire et de vendre les brevets d'invention, et les machines brevetées, ainsi que de surveiller les intérêts des inventeurs. Le siége de la Compagnie, le panthéon de New-York, sera le point central pour toute l'Amérique ; on y exposera les produits des nouvelles inventions ; des agences seront établies dans les principales villes des États-Unis ; et toutes les inventions seront soumises à un comité, *board of examiners*, chargé de faire des rapports sur l'importance des découvertes présentées.

§ XV.

COLLISIONS.

Il est un fait reconnu, c'est que le public s'habitue dans les voyages très-facilement aux grandes vitesses, tant qu'il peut les obtenir sans danger. Dans cette circonstance, les Anglais ont toujours occupé sur l'eau comme sur les routes le premier rang, et ils l'ont gardé également sur les chemins de fer; leurs express vont habituellement à raison de seize lieues à l'heure; cette limite n'est atteinte qu'en France; les autres chemins de fer du continent se bornent à la moitié de cette marche; ce n'est que maintenant qu'on organise d'une manière générale les express à grande vitesse dans toute l'Europe.

L'attention doit donc être fixée sur les mesures à prendre pour régulariser ce service et surtout pour éviter les collisions.

Ces accidents ont lieu quand deux trains vont au-devant l'un de l'autre, quand l'un suit l'autre et qu'il l'atteint, et enfin quand un train arrivant heurte un train en station. Ces trois sortes de chocs forment une classification très-distincte.

Dans le premier cas, l'accident est le fait de l'inobservation des heures et des règlements de départ, ou d'une machine-pilote mal dirigée;

Le second cas arrive par la vitesse mal réglée;

Et le troisième cas a lieu quand le mécanicien ne donne pas à temps le signal de serrer les freins et qu'il ne ferme pas le régulateur.

Je reprends : dans le premier cas, le machiniste, ayant l'ordre de marche, ne peut pas savoir s'il est rencontré en route; le choc est inévitable, car les signaux ne peuvent même pas être donnés à temps : toutefois dans un alignement droit d'une certaine longueur, il n'y a pas de danger, si les précautions, usitées en pareille circonstance, sont employées.

L'observation des heures de départ des convois ordinaires est donc une condition essentielle pour éviter les rencontres, surtout dans les chemins à une voie. L'inobservation de cette règle, qui cependant est bien simple, a donné lieu en 1851 à vingt-trois collisions sur les chemins anglais; l'enquête l'a constaté et le Rapport des *commissionners* le relate. Il est même étonnant qu'il n'y ait pas eu plus d'accidents, car souvent en Angleterre on remet la conduite des trains de houille ou de marchandises à un machiniste, avec la seule instruction de prendre ou de laisser des wagons en route, et d'arriver le plus sûrement possible au lieu de la destination; et on ne règle autrement cette marche qu'en l'annonçant par le télégraphe, et en donnant ordre d'observer un certain intervalle entre deux trains, et de faire entrer les convois de marchandises dans des voies de garages, dès que des express ou des trains de voyageurs sont signalés. Il faut s'en référer alors entièrement au service des signaux, dont un seul donné mal à propos entraîne presque toujours une catastrophe.

Cette manière de procéder est souvent la règle en Angleterre ; sur le continent c'est l'exception. Quand, par suite des exigences du service de la circulation, on est forcé de faire marcher des convois extraordinaires, ou des machines isolées, il faut procéder avec une régularité extrême pour ne pas aller au-devant d'un convoi.

Sur les chemins à deux voies, tous les trains suivent le côté gauche, et il n'est pas présumable que des convois viennent au-devant l'un de l'autre. Ces rencontres ne peuvent donc avoir lieu que pendant des travaux de réparation sur une des voies. Le chemin doit alors être traité comme un chemin à simple voie, et les méthodes employées pour y régulariser le service doivent lui être appliquées. C'est donc principalement sur ces chemins, dont je parlerai tout à l'heure, que la marche des convois extraordinaires offre des dangers réels.

Les machines-pilotes peuvent être mal dirigées quand les demandes de secours sont adressées à deux stations à la fois, et quand on part, au moment où la voiture de secours arrive. Dans toutes ces circonstances, on ne peut que s'en référer à l'intelligence du chef du train et à la vigilance des employés. — Des machines peuvent partir seules et briser dans leur course aveugle tout ce qui se trouve sur leur chemin. Au bout d'un certain temps elles s'arrêtent naturellement, et si les signaux sont convenablement donnés, elles peuvent être ramenées sans accident dans leur dépôt. L'analyse d'aucun de ces faits n'a permis de remonter à la cause de ces départs subits.

Dans le deuxième cas, il peut arriver que, par suite d'une différence entre leurs vitesses, deux convois se heurtent; la plupart des accidents sur les chemins de fer anglais sont dus à cette circonstance. Par un temps clair et quand les trains portent leurs lanternes allumées, ces rencontres ne peuvent pas avoir lieu dans les alignements, à moins de négligence impardonnable de la part des agents des Compagnies; mais il n'en est plus ainsi par les forts brouillards, très-communs en Angleterre, et c'est alors que l'absence de surveillance immédiate est sensible. Pour ce cas, on a proposé plusieurs mesures : on place le long des lignes des signaux pour indiquer le passage des convois, et au moyen de signaux explosibles on est parvenu à indiquer aux machinistes les endroits dangereux. Deux trains ne peuvent se pousser que quand les signaux pour les retards ou les arrêts de convois précédents sont mal donnés ou mal compris. Pour éviter cet accident, il faut toujours laisser le plus grand intervalle possible entre deux trains; cet intervalle dépend de la vitesse, des pentes, de l'efficacité des freins et d'une masse de détails dont l'énumération serait trop longue.

En résumé, pour trouver cette distance qui, dans beaucoup de pays, a été fixée d'une manière absolue et générale, il faut admettre le voyage le plus défavorable : par la nuit, par des brouillards épais, par la plus grande vitesse possible, et calculer : à quel point le signal doit être placé pour être compris par le convoi suivant, afin de pouvoir serrer les freins et s'arrêter; une fois cette distance trouvée, il faut l'admettre d'une manière absolue pour tous les convois dans toutes les circonstances.

Voici un fait qui vient à l'appui de ce que j'avance; j'en emprunte le récit au journal *l'Émancipation belge* :

Un accident, qui aurait pu avoir les conséquences les plus désastreuses, est arrivé au mois de novembre 1853, à la station de Hall. Le convoi de huit heures et demie était arrêté pour opérer divers déchargements et ajouter quelques voitures, lorsqu'on entendit tout à coup le signal d'un convoi de marchandises que le brouillard avait empêché de distinguer. Faire partir le convoi était impossible, car la plupart des voitures n'étaient pas accrochées; faire arrêter celui qui arrivait était encore moins possible, car il était déjà trop près et lancé avec trop de force. A tout hasard, le garde-barrière courut en avant pour avertir le machiniste. Pendant ce temps, le facteur des postes avertit les voyageurs du danger qui les menaçait. Ceux-ci, composés pour la plupart de cordonniers hallois qui se rendent hebdomadairement à Bruxelles avec leurs marchandises, ne se firent pas dire deux fois de déguerpir.

Dans un moment, bottes, bottines et bottiers, tout fut dans le fossé. Le dernier voyageur venait à peine de quitter le train, que les deux convois se heurtèrent avec fracas. La dernière voiture, qui était une diligence, fut littéralement pulvérisée, les autres qui la suivaient furent proportionnellement endommagées. Hâtons-nous de dire que ni dans l'un ni dans l'autre convoi, aucun voyageur n'a reçu de blessures; un moment plus tôt, et les victimes auraient été nombreuses, *aussi n'y avait-il qu'une voix pour blâmer ce système qui permet aux convois de se suivre ainsi de près.* Au moindre accident dans un lieu où le chemin de fer fait une courbe, ou par un temps de brouillard, le convoi de marchandises lourdement chargé ne peut plus s'arrêter, et doit nécessairement tomber sur celui qui le précède.

Enfin en troisième lieu, pour que les machines n'entrent pas en gare avec une vitesse trop forte, il serait à recommander au chef du train de descendre à l'entrée de la station et d'accompagner le convoi à pied, car l'action des freins peut faire défaut; le frein peut se rompre, ou ne pas fonctionner au premier coup de sifflet.

Cette mesure peut, à la vérité, présenter des dangers, m'écrit l'ingénieur en chef du matériel de la ligne du grand-duché de Bade, mais on a cru devoir la maintenir, surtout dans les parties du chemin à simple voie, à cause d'un accident arrivé il y a plusieurs années dans une gare d'évitement, où un convoi au départ a été heurté avec violence par un train arrivant.

Autrefois, et malheureusement trop souvent, des trains se sont heurtés dans les stations. Actuellement les télégraphes électriques aident à écarter ces dangers; aussi leur usage s'est répandu d'une manière générale; sur les lignes principales on voit jusqu'à quinze fils, tant pour le service du public que pour le chemin de fer.

Les signaux de jour sont donnés dans les gares où débouchent des embranchements, par un aiguilleur placé sur une estrade, afin de mieux surveiller l'arrivée et le départ de tous les convois. Ce poste est assez important, surtout dans les moments où les locomotives se détachent, pour entrer dans leurs remises, — du convoi qui suit avec une vitesse acquise une ligne donnée.

Comme moyen de ralentissement, on n'a employé jusqu'aujourd'hui que des freins. Malgré les défauts inhérents à ce système d'arrêt, les freins énergiques ont rendu de grands services, et ils ont prévenu déjà souvent des malheurs; sans le frein Laignel, qui s'appuie sur les rails et soulève les wagons, le convoi royal belge n'eût pas échappé à une terrible catastrophe au moment où le câble du plan incliné à Liége s'est rompu. Aussi on s'occupe constamment de la manière d'arrêter les trains, et les inventions ne font pas défaut dans cette circonstance.

L'étude des freins puissants est loin d'être épuisée, et le perfectionnement de ce mécanisme est le sujet constant des efforts des constructeurs; un frein muni d'aspérités et s'appuyant sur le rail ou même sur le sol, une espèce de frein de miséricorde, pourrait souvent rendre des services incontestables. — A défaut de ce frein, on avait placé au bas des fortes pentes du chemin wurtembergeois une barrière en traverses de chêne, destinée à arrêter les wagons dont les freins n'agiraient pas d'une manière efficace. En 1849, des voitures vides sont descendues sur cette pente, et ont acquis une vitesse telle, qu'on ne pouvait plus la maîtriser; les employés ont sauté en bas des wagons, qui, abandonnés à leur sort, sont allés se briser contre cette barrière, à quelques pas d'un convoi en stationnement.

Les commissaires anglais attribuent aussi, dans leur Rapport annuel, la fréquence des collisions au manque de freins énergiques, surtout quand les rails sont devenus glissants, ce qu'on ne peut pas toujours prévoir dans un long trajet.

Pour que les freins puissent agir avec toute la force voulue, il est nécessaire que les tampons soient placés à une même hauteur dans tout le convoi, ce qui malheureusement n'a pas encore lieu partout.

Depuis quelque temps on se sert en Angleterre d'une nouvelle espèce de freins qui a quelque analogie avec le sabot usité dans les voitures ordinaires. Au lieu d'agir au moyen d'une pression directement sur la roue, on intercale ce sabot entre le rail et le rebord ou le bandage; il est plat en dessous et concave en dessus; on le laisse retomber devant la roue, qui monte dessus et le presse de tout son poids contre le rail. Ce perfectionnement, qui est encore une simplification, présente de nombreux avantages; le sabot produit un grand frottement sur le rail, tandis qu'avec le frein ordinaire, la pression s'exerce sur le bandage des roues, qui glissent sur les rails et qui sont, par ce fait même, soumises à une prompte détérioration. Le sabot a justement la hauteur voulue pour que le rebord de la roue ne se trouve pas en surélévation du rail, et que la roue, maintenue dans la voie, ne puisse, en s'en écartant, être la cause d'un déraillement. Pour enlever le sabot de dessous les roues, on emploie le procédé usité sur les chaussées : on fait sentement reculer les véhicules à une faible distance pour dégager le frein.

L'idée de ce frein-sabot est déjà ancienne; M. Laignel a pris, le 28 février 1841, un brevet pour cette invention.

§ XVI.

IRRÉGULARITÉ DANS LA MARCHE DES TRAINS.

En admettant pour un moment les sinistres qui arrivent presque toujours à des convois ou des locomotives qui voyagent en dehors des heures réglementaires et sans être signalés exactement, il reste à expliquer comment il se fait que ces heures de départ et d'arrivée ne soient pas suivies.

Ces causes de retard sont de quatre sortes :

1° La division inexacte du temps de départ, de stationnement et d'arrivée; on y remédie immédiatement par la révision de ces calculs et en appropriant ces heures aux exigences du trafic; cela n'arrive du reste qu'au commencement d'une exploitation.

2° L'impuissance de la locomotive, dont la force

motrice peut faire défaut, quand le convoi est trop lourd, quand le mécanicien ne tient pas bien sa machine en pression, ou quand les rails sont devenus glissants par la pluie, le verglas, des brouillards épais ; les roues n'ont alors plus assez de prise sur les rails et la machine avance lentement. Le remède général contre ce mal est très-simple, il s'agit de faire en sorte que la charge maxima ne dépasse jamais la puissance minima de la machine ; ou, en d'autres termes, on cherche le poids que la machine peut traîner avec sécurité dans les plus mauvaises conditions : en hiver, pendant la tempête, sur les plus fortes inclinaisons, à la plus grande vitesse.

Pour arriver à ce résultat, les ingénieurs du matériel n'auraient qu'à soumettre chacune de leurs machines à des essais, à des calculs, afin de constater sa puissance sur un nivellement donné et dans les conditions précitées. Cette évaluation servirait de base dans la composition des trains et devrait être inscrite à côté du numéro d'ordre, absolument comme la capacité des wagons.

En ne faisant pas exactement ces calculs, on s'expose à des accidents. En 1851, sur un embranchement du chemin de Manchester à Chester, deux trains extraordinaires partis à de faibles intervalles furent obligés de s'arrêter dans un tunnel; la première machine ne put tirer son convoi à cause de la pente, et la seconde locomotive ne fut pas assez puissante pour le pousser; un troisième train arriva dans le tunnel, et n'ayant pas aperçu à temps les convois stationnaires, les brisa en partie et fit beaucoup de victimes.

3° La troisième cause de retard peut être attribuée à un accident quelconque. On fait arrêter les convois, jusqu'à ce que les dommages soient réparés; mais dès que des retards exigent un déplacement des stations d'évitement, il est urgent qu'aucune précaution ne soit négligée et que les dispositions soient prises par les chefs de service ou les agents de l'administration centrale : les ordres de marche sont alors transmis par écrit, à moins que le télégraphe électrique n'offre une assurance complète; dans ce cas, la demande est faite trois fois, et trois fois la réponse doit être répétée, avant qu'un train puisse partir. Ensuite le passage de ces trains extraordinaires est signalé sur la route parcourue.

4° Enfin, la voie peut être encombrée par des corps étrangers qui s'y trouvent déposés : des terres éboulées, des outils oubliés, etc., etc. Le personnel du train rend la voie libre, et le plus souvent le temps perdu peut être regagné.

Il n'y a qu'une espèce d'encombrement capable de retarder d'une manière sensible les convois ou même de les arrêter indéfiniment, c'est l'encombrement par la neige, au sujet duquel je crois utile d'entrer dans quelques détails, en consacrant un paragraphe à l'examen de cette question.

§ XVII.

COMMUNICATIONS INTERROMPUES PAR LA NEIGE.

Ainsi qu'on vient de le voir, le service des trains peut se trouver interrompu par une défectuosité de la machine, par un accident quelconque arrivé au matériel ou à la voie ; et à part la chute d'un ouvrage d'art, on rétablit la communication en peu de temps, à moins que la neige ne produise un encombrement tel, qu'avec les moyens ordinaires la voie ne puisse plus être rendue libre.

C'est là le point faible des chemins de fer, qui, en hiver, sont loin d'offrir aux voyageurs la sécurité et la commodité voulues.

On n'a pas renoncé à exploiter avec régularité une ligne pendant la mauvaise saison ; mais, d'un autre côté, on n'a pas encore résolu le problème d'une façon générale. En désespoir de cause de trouver une solution immédiate avec des appareils efficaces, quelques ingénieurs ont proposé d'organiser un service spécial de saison de neige, comme on a déjà les services d'été, les services d'hiver, et qui comprendrait les trains de peu de wagons avec deux locomotives en tête. La question ne serait que déplacée, car cette exploitation désirée est non-seulement faisable sur toutes les lignes de fer, elle existe déjà depuis plusieurs années sur des points très-difficiles, et je crois qu'en étudiant d'une manière très-approfondie toutes les circonstances qui s'y rattachent, on arrivera, en France, à ne plus s'exposer à des retards, à des interruptions et à des accidents, conséquence naturelle, sinon forcée, de tout changement dans le service ordinaire.

Pour indiquer la cause de ces encombrements par la neige, ainsi que les mesures à employer dans le but de prévenir ces accidents, tant pour les convois que pour les fils du télégraphe électrique, je serai obligé d'entrer dans quelques développements et dans quelques explications des phénomènes météréologiques ; j'indiquerai ainsi les points de départ d'une étude qui sera entreprise tôt ou tard dans un but de sécurité publique.

L'accumulation des neiges est due à leur nature, à la force et à la direction du vent, et enfin au climat et à la position topographique des endroits exposés.

Il y a deux espèces de neige, — relativement à

l'objet qui nous préoccupe, — la neige humide, qui, par suite de l'adhésion de ses molécules, n'est pas divisée et n'est pas entraînée facilement par le vent : elle n'est pas dangereuse ; la neige sèche ou poudreuse, qui rase la terre au moindre souffle d'air, et se forme, dès que le vent devient fort, en tourbillons qui déposent de grandes masses de neiges ; — au fur et à mesure que le vent perd de son intensité, la neige, ainsi enlevée des hauteurs, se trouve déposée dans les bas-fonds.

De nombreuses observations à ce sujet ont pu être faites sur les chemins de fer du nord de l'Allemagne ; elles peuvent se résumer ainsi :

1° Les chemins de fer en déblais ne risquent pas d'être enfouis sous la neige, quand ils sont entourés de forêts, ou quand leur tracé suit la direction des courants de neige.

2° Des arbres, des broussailles plantés le long des chemins, rompent la violence du vent et forcent la neige à tomber suivant une ligne verticale.

3° Les vents qui soufflent dans la direction du chemin de fer le débarrassent de la neige.

4° Si le chemin de fer, placé en rase campagne ou sur des hauteurs, croise le vent, il est comblé dans ses parties en déblais de peu de profondeur; dans les grandes tranchées, au contraire, les neiges restent accumulées sur la crête des talus; les courants d'air cessent dans ces tranchées, et la neige y tombe tranquillement et d'une manière uniforme, comme dans les forêts.

5° Le cas le moins défavorable, quand le chemin croise le vent, est celui où les rails sont au niveau du terrain naturel ; le vent rase sans empêchement le chemin, qui est alors couvert comme les champs environnants.

6° Les grands remblais offrent l'inconvénient que le vent, rasant la terre, se brise à leur crête, tourbillonne sur la voie, et dépose la neige sur les rails du côté où il arrive.

7° Dans tous les cas, les remblais sont moins exposés que les tranchées.

8° Les neiges sèches dangereuses arrivent par les vents du nord et de l'ouest, et sont toujours accompagnées des froids les plus rigoureux.

Ces indications pourront former la base des études pour le tracé des chemins de fer, pour les constructions à ajouter aux chemins exécutés, et enfin pour les appareils à imaginer dans le but de débarrasser les voies encombrées.

On ne s'est pas encore préoccupé, dans l'établissement d'une route ferrée, des modifications à y apporter en vue de placer la voie en dehors des atteintes des neiges ; on s'est borné à constater ces encombrements, et on y a porté remède, au moyen de plantations, pour arrêter les courants des vents neigeux. On emploie également avec succès des haies ou clôtures en lattes de sapin, de 2 mètres de hauteur, placées le long des endroits dangereux du chemin ; on construit même des digues ou boulevards contre les parties menacées.

Tous ces moyens ont été employés sur le chemin de fer bavarois du lac de Constance à Hof, dans la partie qui renferme les fortes pentes de $0^{m},025$ par mètre, sur une longueur de 5 kilomètres. Pendant l'hiver le plus neigeux, en 1850, la communication n'a pas été interrompue un seul jour. Sur vingt-sept points, on avait placé de ces clôtures contre les neiges : dix-sept contre le vent ouest ; six contre le vent est ; quatre contre le vent sud-est.

Les effets de ces neiges sont quelquefois très-surprenants ; ils dépendent de la direction des vallées, des forêts et de la position des villages. Souvent les endroits placés dans les conditions les plus défavorables, à la première vue, sont épargnés ; tandis que d'autres localités, qui semblent n'avoir pas à souffrir, sont couvertes dès les premières neiges.

Il n'y a pas de règle générale à donner à cet égard. Par une étude longue et attentive des phénomènes météréologiques dans la localité même, on peut relever des indications pour l'établissement des digues, pour le placement des clôtures ou claies, pour la plantation d'arbres ou de haies vives. C'est une science pratique que celle de la construction des voies ferrées, à l'abri des neiges. Aussi, ce que je viens de relater ne peut servir, je le répète, que de point de départ ; ce qu'il y aurait de plus simple à faire, si en France on voulait sérieusement arriver à ne pas laisser interrompre les convois en hiver, ce serait d'envoyer un personnel complet à l'étranger, avec mission d'étudier cette question et de faire le service pendant tout un hiver au moins. On y apprendra, par la même occasion, à connaître les nouveaux appareils de neige et la manière de s'en servir en temps utile. Les appareils ordinaires, et qu'on emploie également en France, sont : la charrue de neige, les balais adaptés à la locomotive et les traîneaux. Ces moyens sont très-faibles et la plupart du temps sans objet ; ce sont des corps de troupes, des brigades d'ouvriers, appelés en toute hâte sur les lieux, qui enlèvent la neige au moyen de pelles ; ils réparent le mal, tandis qu'avec des dépenses moindres il y aura peut-être lieu de le prévenir. En 1854, la compagnie du chemin de fer de Paris à Strasbourg a payé près de 100,000 fr. pour l'enlèvement d'un million de mètres cubes de neige. Toutes ces mesures sont sujettes à des améliorations ; aussi l'esprit inventif des constructeurs est toujours dirigé vers ce but. On trouvera un jour une machine spéciale qui suppléera avantageusement à la locomotive ; cette dernière, en absorbant toute sa force pour vaincre les neiges et les vents, ne peut souvent pas suffire à la traction du convoi. Comme sa vitesse se ralentit dans ce travail, elle produit moins de vapeur ; elle ne peut plus franchir les passages à niveau des fortes inclinaisons, où les neiges, comprimées par les voitures ordinaires et par les gelées, résistent aux roues comme des coins fixés sur les rails ; elle s'arrête de même sur les rails parcourus par les ouvriers qui y déposent avec leurs pieds des croûtes de neige, lesquelles se convertissent en glace.

Outre les accidents produits par des retards dans l'arrivée et les départs des convois, par le relâchement du service de surveillance, par des machines isolées qui circulent sur la voie à la recherche d'un convoi encombré, lequel peut arriver à l'improviste ; en un mot, outre toutes les irrégularités que ces interruptions entraînent forcément, il arrive presque toujours, comme surcroît de malheur, que le télégraphe électrique cesse de fonctionner, soit parce que les fils se rompent, soit parce qu'ils se touchent. En 1849, sur le chemin de South-Eastern, plusieurs poteaux de télégraphe ont été renversés; chaque mètre courant de fil, avec sa couche de glace, pesait jusqu'à 6 kilogrammes; de manière que le poteau était sollicité par une force de 1 500 kilogr. Plusieurs fils de fer se trouvaient tendus jusqu'à terre; mais, une fois déchargés, ils ont repris leur position primitive, tandis que les fils de cuivre avaient perdu leur élasticité et sont restés courbés. — En 1850, sur le chemin du Nord, en Autriche, le fil supérieur surchargé toucha le fil inférieur, de manière que le courant se trouva absorbé, et que les dépêches furent complétement brouillées.

Comme ces abaissements ou ruptures de fils arrivent très-souvent, il y a lieu de recommander aux gardes d'ébranler les poteaux pour faire tomber la neige encore molle; avec cette simple précaution, on a toujours prévenu ces accidents. Il faut encore ôter, le long des poteaux, les couches de glace qui, arrivées à la hauteur des isolateurs, déplacent les courants électriques. Ce procédé est connu de tout le monde, et il serait à désirer qu'il fût observé et que l'exécution en fût surveillée avec un peu plus d'exactitude.

---

§ XVIII.

DIFFICULTÉS DE L'EXPLOITATION DES CHEMINS A SIMPLE VOIE.

La différence capitale entre les chemins à double voie et ceux à simple voie, quant aux accidents, consiste dans les rencontres de deux trains allant l'un contre l'autre. La règle la plus simple pour éviter ces chocs, et qui se présente naturellement à l'esprit, est de ne donner l'ordre de départ d'un train que quand le train attendu est arrivé. Comment se fait-il que cette règle ne soit pas toujours observée? — Pourquoi se repose-t-on sur une certitude supposée que la voie soit libre? — Pourquoi fait-on partir des convois en dehors des tableaux de service? — Pourquoi enfin s'expose-t-on par l'inobservation de ces règles à de si terribles conséquences? Ce sont là des questions à peine comprises par le public, et dont la solution lui est complétement inconnue; il ne suppose pas de négligence aux employés, et dès lors l'inobservation des ordres de service et des signaux lui paraît inexplicable.

Je tâcherai d'y répondre en détail; mais avant de le faire, je citerai à ce sujet un fait qui est toujours présent à ma mémoire, quoiqu'il se soit passé il y a plus de douze ans; il renferme toutes les causes et chances de rencontres, et donne le moyen d'éviter ces dernières, sans porter toutefois une trop grande perturbation dans le service.

C'était dans le grand-duché de Hesse, sur un petit chemin de fer à simple voie, comme le sont presque toutes les lignes allemandes encore aujourd'hui, que le convoi dans lequel je me trouvai se gara au point de croisement, en attendant l'arrivée de l'autre train. A cette époque, les télégraphes électriques n'étaient pas encore usités généralement, et on se servait des signaux ordinaires. C'est par cette voie qu'arriva une dépêche annonçant qu'à la suite d'un accident de la machine, le train attendu ne quitterait pas sa station. Le chef de gare donna l'ordre de partir et de tâcher de regagner le temps perdu; le mécanicien, pour toute réponse, visita les soupapes pour s'assurer qu'elles fonctionnaient régulièrement, ralentit le feu, et s'assit tranquillement sur le trottoir avec son chauffeur, en objectant la recommandation faite par l'ingénieur de toujours attendre le convoi venant en sens inverse. Le préposé, fort de son autorité et de la certitude que le convoi n'arriverait pas, réitéra son ordre; le machiniste répliqua qu'il était inutile de continuer le voyage, que tôt ou tard un convoi arriverait, à moins d'interruption complète du service. Les voyageurs ne furent pas de cet avis ; ils se mêlèrent de la discussion, qui devint très-bruyante, et la gendarmerie finit par emmener les deux employés de la locomotive. La nuit étant venue sur ces entrefaites, on se hâta de chercher un autre mécanicien dans le dépôt ; enfin le signal de départ put être donné ; tout le monde était déjà remonté en voiture, et à peine la cloche avait-elle fini de sonner, qu'un coup de sifflet prolongé se fit entendre de loin, et que le convoi en retard arrriva à toute vapeur.

Maintenant, voici la réponse aux questions précédentes : « On n'attend pas les trains dans la crainte de porter la perturbation dans le service ; — on se repose sur la certitude que la voie est libre, parce qu'on espère que celui qui a donné cette certitude ne lancera pas une machine ou un train sur cette voie, dans un temps déterminé ; — on fait partir des convois en dehors des heures réglementaires pour ne pas faire attendre les voyageurs, en cas de retard, jusqu'au convoi suivant qui, avec sa machine seule, ne pourrait pas remorquer deux trains à la fois ; car souvent l'emploi de deux machines n'est pas toléré par les règlements ; on hésite aussi à faire suivre, ainsi qu'on l'a vu, deux convois à de courts intervalles, on est forcé d'envoyer des locomotives pour le service de secours ; — enfin, on s'expose à des catastrophes par l'inobservation des règlements, parce que l'exécution de ces derniers, quelque précis qu'ils soient, est confiée à des hommes qui sont loin d'être parfaits, qui ne connaissent pas toujours l'importance du travail qui leur est demandé, qui souvent sont dégoûtés de leur service, et ainsi de suite.

Mais enfin, malgré toutes ces imperfections, y a-t-il des moyens efficaces pour éviter les accidents sur les chemins de fer à une voie, tout en y conservant l'activité du trafic et la marche du service, et en tenant compte de la longueur du trajet ?

Beaucoup de moyens pour donner la sécurité ont été présentés ; c'est surtout après une catastrophe que les inventions surgissent, comme si l'esprit humain avait toujours besoin d'un stimulant pour se diriger vers la recherche du bien-être. Il a été déjà question des inventions en général, et celles relatives à la simple voie peuvent y être comprises.

Dans ces chemins, tout dépend de la régularité mathématique de la marche des trains. Il n'y a pas de règles absolues à indiquer à ce sujet.

Sur la simple voie, la marche des convois et les stations d'évitement doivent être fixées de la manière la plus exacte. Il serait même prudent de restreindre l'usage des convois extraordinaires dans des limites très-étroites. Cependant, si, par suite d'une accumulation de marchandises, des trains extraordinaires deviennent indispensables, il faut les inscrire dans les tableaux de service, dont une expédition serait à remettre à tous les chefs de convois ; ces trains deviennent alors des trains réguliers, et quand même il s'en trouve un qui ne soit pas absolument nécessaire, il vaut mieux le laisser subsister et faire quelques dépenses en plus, que de mettre la régularité de l'exploitation en jeu, ce qui arrive chaque fois qu'on change les heures du départ. Avant tout, il faut maintenir cette régularité, et rien ne doit être épargné pour arriver à ce résultat.

On admet quelquefois des dispositions exceptionnelles ; c'est ainsi que, pour rendre impossible une rencontre de deux convois dans le tunnel du chemin à une voie de Manchester à Sheffield, d'une longueur de 5 kilomètres, on a pris une mesure décisive : chaque train est remorqué dans ce passage par une locomotive spéciale. Comme la pente du chemin de fer change avec la rampe au milieu de la galerie, cette deuxième machine, sans laquelle aucun convoi ne peut passer, sert également de locomotive de renfort.

De pareilles dispositions ne sont pas toujours applicables. La base du service des chemins de fer à simple voie sera toujours le déplacement des points de garage ; sans cette faculté, le moindre retard d'un convoi quelconque se fera sentir sur toute la ligne, et le service se trouvera suspendu jusqu'à ce que la circulation régulière se soit rétablie sur la partie compromise. Dans le principe, on n'a pas toujours agi avec toute la prudence voulue et on a donné lieu à des accidents.

Si ces faits s'étaient multipliés, il aurait fallu renoncer à la faculté de déplacer les stations de croisement et chercher un autre mode d'exploitation, — ce qui eût été reculer.

Heureusement il n'en est pas ainsi, et les accidents sur les anciennes lignes deviennent de plus en plus rares, au fur et à mesure que le personnel acquiert les connaissances nécessaires et que les mécanismes se perfectionnent ; du reste, la circulation n'augmente pas d'une manière sensible sur les lignes à simple voie ; car du moment où elles prennent un développement notable, on se hâte de placer un deuxième cours de rails, et le chemin devient à double voie.

Ce qu'il y aurait de plus utile à faire, si on veut adopter ce genre d'exploitation en France sur une vaste échelle, ce serait d'étudier sur les lieux mêmes tout ce qui ne peut pas être enseigné de loin. A mon avis, il n'y a que ce seul moyen ; ce ne sont pas les indications des procédés les plus corrects qui font défaut ; ce ne sont pas les appareils les plus perfectionnés, les règlements les plus sévères qui manquent; car, malgré cette abondance de précautions, on n'arrive pas au résultat désiré. C'est de plus haut qu'il faut prendre la question; les faits sont là pour le prouver. Ce sont les hommes chargés d'appliquer toutes ces règles qu'il s'agit d'étudier, pour savoir comment ils ont procédé dans l'origine de l'établissement de ces chemins; il s'agit de savoir pourquoi les ingénieurs allemands sont allés en Amérique, pourquoi on a fait venir des ingénieurs anglais comme experts. Il faudrait connaître l'organisation du personnel, la position des divers agents, leur moralité, leurs antécédents, la manière de leur distribuer des gratifications et de l'avancement, ou de leur infliger des amendes et des punitions, et se rendre compte des effets de toutes ces mesures disciplinaires.

Il faudrait étudier les rapports des ingénieurs avec leurs employés, et suivre en outre les dispositions mécaniques depuis leur origine jusqu'à leur perfectionnement; en un mot, il faudrait faire l'apprentissage de cette science pratique, et rechercher les modifications à y apporter en vue des habitudes, des exigences et du caractère du public français.

Cela est très-difficile, très-pénible, très-coûteux; mais il est également très-difficile d'exploiter un chemin à simple voie sans avoir le moindre malheur à déplorer, et c'est à ce résultat qu'il s'agit d'arriver.

Je ne crois pas que ni l'Angleterre ni l'Amérique puissent donner un enseignement meilleur que ne l'offrirait l'Allemagne, qui exploite la simple voie sur la plus vaste échelle, avec une circulation souvent très-active et des trains à grande vitesse. Dans ce pays, les accidents dus au système d'une seule voie proprement dit sont très-rares, et ne sont arrivés que dans les gares où les convois montaient l'un sur l'autre, par suite d'un manque de ralentissement ou par la fausse position des aiguilles.

En France, on semble ne pas tenir compte de ces faits, car l'exploitation à simple voie du chemin d'Orléans est parvenue à discréditer, à tort ou à raison, ce mode d'exploitation, peut-être encore pour longtemps. Le public s'occupe peu des questions financières ou techniques ; il demande avant tout, et en cela il a raison, la sécurité à un système de communication qui monopolise tous les transports à grande vitesse. Du reste, jusqu'à ce jour on n'a pas prêté une attention suffisante à la simple voie, car, à part les chemins de Sceaux et de Troyes, elle n'a jamais été établie, à titre définitif, comme en Allemagne.

En résumé, l'exploitation de la simple voie ne peut pas être étudiée dans des livres, pas même dans des conversations avec les hommes les plus versés dans cette matière ; je le répète, si on veut exploiter ce système en France, il faut envoyer les agents de tout rang et de tout grade de nos Compagnies apprendre le métier sur des chemins exploités, et y étudier les hommes aussi bien que les choses.

C'est moins aux instructions, — m'écrit M. le directeur général des chemins de fer du royaume de Wurtemberg, — qu'à la ponctualité et à la régularité du service, qu'est due la rareté des accidents sur nos lignes ferrées ; nous n'employons d'autres signaux que ceux indiqués dans le livret des signaux ordinaires à l'usage des mécaniciens et des gardes ; le télégraphe électrique, dont les stations sont espacées moyennement de 11 kilomètres, sert pour la transmission des dépêches et des ordres du gouvernement, de même que pour l'usage du public. Dans les cas exceptionnels, la correspondance de l'administration des chemins de fer passe avant les dépêches particulières.

On voit de nouveau, par cet exemple, qu'en fait d'exploitation, la pratique vaut mieux que toute espèce de théorie ou de dissertation, à mes yeux, du moins.

---

§ XIX.

IMPRUDENCE DU PERSONNEL DES CHEMINS DE FER.

Les accidents causés par la propre faute des voyageurs ou des employés des chemins de fer étaient nombreux à l'époque où ce nouveau mode de transport n'était pas encore entré dans les habitudes des populations; ils arrivaient surtout dans la sortie ou l'entrée qu'on tentait pendant que les convois étaient en marche. On sait pourtant que ces tentatives entraînent presque toujours de graves blessures ou la mort. Il faut être bien adroit pour sortir d'un convoi lancé à grande vitesse, et avoir la précaution de pousser le marchepied devant soi dans la direction du train, afin d'amortir le choc. Mais cela est toujours dangereux et ne peut être pratiqué avec quelques chances de succès que par les employés en cas de danger et quand leur présence sur le convoi n'est plus d'aucune utilité, quand le coup de sifflet est donné, les freins serrés, la vapeur renversée.

Les accidents dus à l'imprudence des voyageurs et des personnes étrangères au chemin ne devraient jamais être portés en compte. Quelles mesures préventives pourrait-on imaginer qui seraient à appliquer aux individus qui traversent mal à propos la voie ; qui s'endorment sur les rails; qui sautent des voitures, et sont écrasés par le train ; qui laissent tomber des objets sur la voie, comme cela est arrivé sur un chemin anglais près de Hull? un morceau de fer tombé d'un wagon sur les rails a fait dérailler tout le convoi. Cet accident a coûté la vie à cinq personnes. Comment prévenir les individus qui se lèvent sur les banquettes des impériales juste au moment de l'entrée dans un tunnel ; qui mettent la tête à la portière en passant sous des ponts, ou en entrant dans les gares? Comment garantir les ouvriers qui se blessent dans l'arrangement des trains, ou qui tombent dans les fosses? Tous les malheurs individuels sont dus à ces causes, et pour s'en convaincre on n'a qu'à consulter les statistiques.

Les employés peuvent aussi commettre des imprudences qui mettent les voyageurs en danger ; ils peuvent laisser les wagons en stationnement irrégulier, oublier des outils et des engins sur la voie, changer les rails en temps inopportun, à l'approche des convois. Voici à ce sujet quelques exemples que j'ai encore pris sur les chemins de fer étrangers.

On sait qu'il est dangereux de marcher *tender en avant*, et de nombreux exemples sont là pour le démontrer. Une traverse, placée par inadvertance sur les rails d'un embranchement du chemin de Brighton, fit dérailler, au mois de juin 1851, un convoi qui marchait *tender en avant*. Le jury anglais, appelé à se prononcer sur la cause de la mort des six personnes, victimes de cet accident, demanda à cette occasion que la marche *tender en avant* fût prohibée, ou que le tender fût muni de chasse-pierres.

Un convoi spécial avait conduit le roi des Belges à Ostende, en 1838, et revenait de nuit. Le pont de la Sneppe se trouvait malheureusement ouvert; la locomotive en franchit l'ouverture, mais retenue par le poids des voitures qui s'étaient précipitées à sa suite dans la rivière, elle vint en briser deux par son recul: deux personnes furent tuées, et une autre grièvement blessée.

Il faut porter une attention sévère sur la garde des bestiaux dans les environs des chemins ou sur ceux transportés dans les wagons. Combien de fois n'arrive-t-il pas d'accident par défaut de surveillance, surtout en Amérique, où l'on a imaginé des appareils spéciaux pour jeter les bestiaux hors de la voie? — Un cheval mal tenu par son gardien du wagon tomba sur le chemin et fit dérailler tout le train; cet accident est arrivé sur le chemin de Hambourg.

Le moindre oubli et la moindre négligence peuvent avoir les conséquences les plus désastreuses. — Au mois de juillet 1845, un convoi est parti de Londres pour Douvres avec deux machines en tête. A une station intermédiaire, on s'est aperçu que le dernier wagon avait oublié sa lanterne; cette vérification n'ayant été faite que quand le train était déjà lancé, on expédia de suite pour le couvrir une locomotive, qui l'atteignit en effet à l'entrée d'un tunnel, avec une force telle, que plusieurs voitures remplies de voyageurs furent brisées. — On sait qu'il ne faut jamais pousser les convois, ou qu'il faut procéder avec une prudence extrême, quand on y est obligé par certaines exigences de l'exploitation. Mais malheureusement tout le monde ne prête pas une attention suffisante à cette règle élémentaire; car en 1847 on poussa un convoi de quarante wagons sur une rampe du chemin de Great-Western; une chaîne d'accouplement se détacha, tomba sur une aiguille et fit dérailler une partie du convoi. Sans s'apercevoir de l'obstacle, la locomotive de renfort y poussa les wagons, qui furent écrasés avec tout leur contenu; heureusement ce n'était qu'un convoi de bestiaux.

L'énumération de tous les faits de ce genre constituerait une véritable statistique des accidents. Pour prévenir les imprudences des employés, il n'y a qu'à recommander aux chefs de diriger toute leur attention sur la moralisation de leurs subordonnés; ils formeront ainsi des hommes qui seront toujours attentifs et prêts à obéir avec zèle et plaisir.

Afin de se garantir, autant que possible, contre les suites d'accidents dans le train, pendant le voyage, on a songé à mettre le personnel des wagons à même de donner directement le signal d'arrêt. Plusieurs moyens ont été proposés dans ce but et appliqués en partie; leur absence a déjà été la cause de malheurs; c'est surtout dans les incendies que ces moyens de communication auraient pu rendre d'utiles services.

§ XX.

MANQUE DE COMMUNICATION ENTRE LES CONDUCTEURS ET LE MÉCANICIEN.

L'établissement d'une communication directe entre les gardes des wagons, les voyageurs et les machinistes, a souvent préoccupé les constructeurs; mais cette question n'a jamais été résolue d'une manière positive. Les délégués du *rail-way clearing-house* l'ont aussi soumise à un examen très-détaillé; ils se sont entourés des renseignements nécessaires pour pouvoir apprécier l'opportunité de tous ces systèmes en usage ou en projet, et qu'ils ont rejetés les uns après les autres.

« La tringle métallique, attachée sur le toit des

voitures et qui met les conducteurs à même d'agir sur le sifflet de la locomotive, leur paraît présenter des difficultés d'ajustage et des dangers pour les ouvriers qui accouplent les voitures.

« Les tubes de gutta-percha, réunis entre eux au moyen de tubes en caoutchouc munis de sifflets avec de petits tuyaux latéraux pour les voyageurs, et établissant la communication entre le mécanicien et le personnel du convoi, ne paraissent pas répondre à l'attente. Dans un essai fait avec un tube de 120 mètres de longueur, le son a été porté d'une manière assez distincte, mais les paroles étaient insaisissables. En outre, la faculté laissée aux voyageurs de donner le signal d'arrêt ou de correspondre avec les mécaniciens et les conducteurs, est rejetée en principe par les délégués qui croient prévoir, dans l'adoption d'une pareille mesure, la source de nombreux accidents.

« Le sifflet à air comprimé ne paraît pas assez énergique dans certaines circonstances; le sifflet à vapeur, même le plus fort, ne peut pas toujours être entendu à l'extrémité du convoi.

« Les appareils télégraphiques portatifs, ainsi que les carillons électriques, paraissent trop délicats, et par cela d'un effet douteux.

« Les marchepieds placés le long des voitures, et sur lesquels les conducteurs peuvent circuler avec facilité, — les voitures américaines qui ont un couloir au milieu, forment des dispositions qui ne pourraient pas être adoptées en Angleterre; elles seraient contraires au caractère et aux habitudes du peuple britannique.

« En général, les moyens optiques proposés paraissent insuffisants, surtout la nuit et dans les tunnels, et ils sont nuls dans les brouillards; les moyens acoustiques ordinaires sont inapplicables pendant le vent et les fortes vitesses; les communications au moyen de cordes élastiques offrent des difficultés par suite de la grande différence dans le matériel, et des complications qui surviendraient dans l'arrangement des trains, dont la composition change presque à chaque gare; ces cordes seraient prises entre les voitures.

« En résumé, aucun de ces systèmes ne parait au comité digne d'être appliqué en Angleterre, et il propose en définitive, aux Compagnies, comme moyen de communication, un appareil composé d'une grosse cloche sur chaque tender, et à laquelle on attacherait une corde d'une longueur égale à celle *maxima* d'un train; cette corde végétale ou métallique s'enroulerait sur un tambour placé dans le dernier wagon, et au moyen d'un mécanisme, assez compliqué du reste, le garde-frein mettrait cette cloche en mouvement. Le *clearing-house* devrait, en outre, faire appliquer ces dispositions sur tout le matériel, afin qu'elles aient un but pratique; isolées, elles seraient sans objet. »

Ainsi qu'on l'a vu, le comité ne tient aucun compte de l'expérience des ingénieurs belges, français et allemands, et il ne daigne pas s'occuper ni de miroir de la locomotive ni d'aucun autre procédé consacré par l'exploitation sur beaucoup de chemins.

D'où peut provenir cette singulière différence d'opinion ? — La statistique technologique seule peut répondre à cette question. Pour cela, il faudrait faire la description détaillée de tous les appareils, indiquer l'époque à laquelle ils ont été placés, les services qu'ils ont rendus dans les collisions, la sécurité qu'ils promettent et les chances de détérioration auxquelles ils sont soumis, et comparer les avis et les observations de tous les ingénieurs.

Il résultera de cet examen, que les Anglais ont tort, ou que les moyens employés jusqu'aujourd'hui sont complétement superflus.

Entrer pour le moment dans les détails de tous ces mécanismes, et les examiner d'après des dessins ou des modèles, ne conduirait à aucun résultat définitif. Quelle que soit l'opinion qu'on se sera formée à ce sujet, l'opinion opposée en contestera naturellement l'autorité ; aussi le *clearing-house*, au lieu de se borner à ces recherches superficielles, aurait-il dû communiquer son travail aux personnes qui ont fourni les renseignements primitifs ; et il aurait ainsi eu le mérite d'avoir institué une enquête générale, qui seule pourrait trancher ces questions controversées, attendu qu'il faudrait toujours admettre une capacité égale parmi les ingénieurs des chemins de fer de tous les pays.

§ XXI.

SOCIÉTÉS D'ASSURANCE

CONTRE LES ACCIDENTS.

Dès que les sinistres sur les chemins de fer se sont multipliés, la spéculation s'en est emparée, et des sociétés d'assurance contre les accidents ont été proposées à l'instar de celles contre l'incendie, le naufrage, etc., etc. Voici où en est cette question :

ANGLETERRE.

L'Angleterre possède une institution pour assurer les personnes contre les accidents sur les chemins de fer : c'est la Rail-way-Passengers-Assurance-Company, de Londres, autorisée en 1849, par un acte du parlement. Cette Compagnie possède un fonds social de 25 millions de francs ; elle entreprend l'assurance des voyageurs et agents des lignes ferrées dans tout le Royaume-Uni, en donnant contre le payement d'une prime une somme fixe aux héritiers d'une personne tuée par le fait de l'exploitation, et une indemnité proportionnelle en cas de blessures.

A quelques rares exceptions près, toutes les administrations des chemins de fer contribuent à la prospérité de cet établissement par une cotisation annuelle. Pour faciliter au public l'usage de cette institution, les chemins de fer ont pris le parti de distribuer les billets d'assurance en même temps que ceux de voyage, et dont on distingue deux espèces :

Les assurances pour un seul et même voyage de la personne assurée (*single journey assurance*) ;

Et les assurances temporaires (*periodical-assurances*), qui s'étendent, comme leur nom l'indique déjà, à une certaine période.

Dans la détermination des primes on a fait abstraction de la longueur du trajet ; on n'a eu égard qu'à la classe de voitures ; on a fixé les chiffres suivants :

VOYAGEURS ASSURÉS POUR UN VOYAGE.

Classe de voitures.	Somme assurée.	Prime.	Rapports de la prime à l'assurance
Premières.	25 000 fr.	30 c.	833
2e et trains de plaisir.	12 500	20	625
Troisièmes.	5 000	10	500

VOYAGEURS ASSURÉS TEMPORAIREMENT.

Durée des voyages en mois	Prime à payer pour une assurance de	
	25 000 fr.	5 000 fr.
1	6 fr.	»
3	12	»
6	19	»
12	25	6

D'après le premier de ces tableaux, il résulterait qu'en Angleterre on estime la grandeur du danger proportionnellement à l'infériorité de la classe de la voiture. Pour les assurances temporaires, il n'est pas fait de distinction entre les classes de voitures.

Les sommes fixées ci-dessus sont payées, en cas de mort, aux héritiers du voyageur ; en cas de blessures, l'assuré ne reçoit qu'une indemnité proportionnelle au montant de l'assurance et à la gravité de ses blessures. Cette indemnité peut, au besoin, être fixée par des tribunaux d'arbitrage.

Outre cette opération, la société a fait un traité avec plusieurs Compagnies de chemins de fer au sujet de l'assurance annuelle de leurs employés, d'après le tarif suivant :

EMPLOYÉS ASSURÉS ANNUELLEMENT.

Classe d'employés	Assurance	Prime
1° Machinistes et chauffeurs.	1 500 fr.	37 fr. 50 c.
2° Conducteurs, gardes-freins.	1 250	24 40
3° Facteurs, surveillants, gardes-barrières.	1 000	6 60

A part ces prix, stipulés pour les cas de mort, chaque employé reçoit de la société d'assurance un secours pendant toute la durée de la guérison de ses blessures.

La troisième et dernière sorte d'assurance est celle que la société entreprend extraordinairement pour des personnes voyageant beaucoup sur les chemins de fer : les employés des bureaux ambulants de poste, les conducteurs de bestiaux pourront recevoir, contre une prime annuelle de 25 fr., un secours hebdomadaire de 50 fr. tant que dureront leurs blessures ; en cas de mort, les héritiers de ces personnes toucheront une somme de 5 000 fr.

Telles sont les dispositions principales admises par cette société, qui trouve journellement plus de partisans.

Quoique les lois du Royaume-Uni, comme celles de la France, rendent les Compagnies et les agents responsables et les punissent de fortes amendes dès qu'une négligence grave a été commise et qu'elle a entraîné la mort ou des blessures des voyageurs, il arrive très-fréquemment des malheurs qui ne sont pas précisément le fait d'un employé, et dont la cause ne peut pas être constatée d'une façon nette et précise ; c'est dans cette circonstance que la société d'assurance, étrangère aux intérêts du chemin de fer, peut suppléer vis-à-vis des voyageurs à l'inefficacité et à l'insuffisance motivée des lois.

Voici maintenant quelques détails sur la gestion de cette Compagnie :

Pendant les deux années 1850 et 1851, six assurés ont perdu la vie : quatre conducteurs de machines-locomotives, un chef garde-ligne et un conducteur, et dont les familles ont reçu les sommes stipulées. Dans cette même période il a été payé à cent vingt-trois blessés des indemnités dont l'énumération peut former un véritable tarif : 10 000 fr. pour la fracture d'une cuisse, 5 000 fr. pour un bras cassé, 6 000 fr. pour un œil perdu, 3 000 fr. pour des blessures à la tête, 600 fr. pour une mâchoire fracassée, et ainsi de suite. Les blessures légères ont été payées entre 25 et 250 fr. (1).

ALLEMAGNE.

Un projet d'assurances mutuelles a été présenté en 1850 au Congrès des chemins de fer allemands; elles devaient avoir pour but d'équilibrer réciproquement, entre les Compagnies de rail-ways, les dommages résultant des accidents de diverse nature qui arriveraient, par le fait de l'exploitation, au mobilier, aux approvisionnements, aux marchandises, aux bagages et au matériel fixe et

(1) Extrait du *Constitutionnel* : « Les Sociétés d'assurance contre les accidents sur les chemins de fer ; par Émile With. »

roulant; les personnes se trouvaient exclues de ces assurances mutuelles.

La forte prime que les Compagnies de chemins de fer payaient aux sociétés d'assurance contre l'incendie, a donné lieu à la création de ce projet.

C'est à Erfurt, en Prusse, que la première société d'assurance des chemins de fer allemands s'est formée, en 1853, sous le nom de *Thuringia*, au capital de 7 millions de francs; elle assure les employés et les voyageurs de tous les chemins de fer de l'Europe contre les accidents pendant leur transport, tant pour un voyage que pour une journée, ou pour un laps de temps déterminé.

Cette société jouit de la confiance publique; elle étend déjà ses opérations sur le nord de l'Allemagne et une partie de la Bavière; en voici les bases principales :

RÈGLEMENT DE LA SOCIÉTÉ D'ASSURANCE LA THURINGIA.

La société assure les voyageurs, les employés des chemins de fer et des postes contre les accidents qui peuvent leur arriver dans *les convois réguliers* sur tous les chemins de fer de l'Europe.

Les accidents comprennent : *le choc des convois, l'incendie des wagons, la foudre, le déraillement, la chute des voitures, les ruptures d'essieux, de bandages, de ressorts et autres pièces, les éboulements de tunnels, d'ouvrages d'art et de terrassements, l'explosion de chaudières, la rupture des câbles, les fausses ma-*

nœuvres dans l'arrangement des trains, la chute des voyageurs qui entrent dans les wagons ou qui les quittent. — Le voyage régulier, conformément aux heures de départ, commence par le signal de départ et finit par le signal d'arrivée.

Les assurés recevront en cas d'accident :

1° Un secours temporaire ;
2° Une indemnité une fois payée ;
3° Le montant de la somme assurée.

Le secours temporaire comprend une indemnité pour toutes les dépenses faites en cas de maladie, et de plus une somme de 50 p. 100 de cette indemnité, comme dédommagement d'incapacité de travail. Si ces sommes réunies dépassent le montant de la somme assurée, il ne sera plus payé que la valeur de 15 p. 100 de cette somme.

L'indemnité une fois payée sera réglée d'après le tarif suivant :

1° Perte des deux bras, ou des deux mains, ou des deux pieds, ou des deux yeux : 75 p. 100 de la somme assurée pour cas de décès ;
2° Perte de l'œil droit, ou du bras droit, ou de la main droite : 60 p. 100 de cette même somme ;
3° Perte de la main gauche, ou du bras gauche, ou d'un pied : 50 p. 100 ;
4° Perte de l'œil gauche : 30 p. 100.

Pour toute autre mutilation, la société ne paye plus que le secours fixé pour les cas de maladie.

La somme totale assurée n'est payée qu'en cas de mort aux héritiers, quand la mort suit l'accident dans un délai de deux mois ou en cas d'incapacité de travail absolue. Si l'annonce de l'accident, dûment constaté, est faite dans un délai de trois jours, la société paye dans ses bureaux le montant de l'indemnité contre la présentation du bulletin de l'année. Des tribunaux d'arbitrages jugeront les points litigieux.

Les primes à payer sont fixées ainsi qu'il suit :

12 cent. pour une assurance de 7 400 fr., valable pendant un jour ;

24 cent. pour une assurance de 7 400 fr., valable pendant deux jours ;

30 cent. pour une assurance de 18 500 fr., valable pendant un jour ;

60 cent. pour une assurance de 18 500 fr., valable pendant deux jours ;

22 fr. pour une assurance de 22 200 fr., valable pendant une année ;

37 fr. pour une assurance de 37 000 fr., valable pendant une année.

On peut également s'assurer pour une somme moindre, suivant des conventions particulières.

Les billets d'assurance seront distribués par les stations des chemins de fer, ou par les agents spéciaux.

A peine cette société s'était-elle constituée, qu'une société concurrente s'est formée à Berlin sur des bases plus larges ; celle-ci entreprend les assurances contre les accidents arrivés aux voyageurs, aux employés, aux meubles, au matériel d'exploitation, aux marchandises et aux immeubles des chemins de fer ; voici les dispositions principales qu'elle a adoptées :

RÈGLEMENT DE LA SOCIÉTÉ GÉNÉRALE CONTRE LES ACCIDENTS SUR LES CHEMINS DE FER.

La société entreprend l'assurance contre les accidents résultant du feu, de la foudre, des inondations, du débordement des eaux, des éboulements, de l'explosion des locomotives, du choc des trains, de la chute des véhicules, du déraillement, et enfin de la rupture des essieux ou des bandages.

Sont exceptés des accidents ceux qui sont la suite de la guerre, de l'emploi d'une force armée, des révoltes et révolutions, des tremblements de terre, *d'une faute grossière commise par l'administration des chemins de fer*, ou enfin de la propre faute des voyageurs.

La société est libre de prendre part à l'enquête sur les accidents; l'administration du chemin de fer s'engage à fournir les pièces à l'appui. Les formalités remplies, le payement des indemnités a lieu dans la huitaine après le règlement des comptes. Les demandes en dédommagement sont périmées au bout de trois mois. L'administration du chemin de fer s'engage à porter tous les secours nécessaires en cas de malheur, et d'en avertir la société d'assurance immédiatement.

La nature des blessures est constatée par le médecin du chemin de fer. La société d'assurance est libre de faire constater définitivement cette blessure par une consultation médicale.

Le tarif de l'indemnité est fixé ainsi qu'il suit :

1° Blessures entraînant une incapacité de travail pendant huit jours : 4 fr. à 37 fr.;

2° Blessures entraînant une incapacité prolongée : 37 fr. à 700 fr.;

3° Blessures entraînant une perte d'un ou de plusieurs membres : 700 fr. à 4000 fr.;

4° Blessures entraînant l'incapacité de travail pour toute la vie : 4000 fr. à 8000 fr. ;

5° Accident suivi de mort : 12000 fr.

On peut assurer sa vie à un prix plus élevé.

La fixation du chiffre, compris entre les limites précitées, est faite par la société d'assurance, l'administration du chemin de fer entendue.

La prime d'assurance est payée par le chemin de fer directement, ou par le voyageur au moyen d'une augmentation du prix du billet, savoir :

6 cent. pour le trajet de 7 kilomètres à 75 kilomètres;
12 cent. à partir de 75 kilomètres.

La moitié de cette prime appartient à la société d'assurance; l'autre moitié est versée dans la caisse de secours des employés, afin qu'en cas de malheur on puisse leur payer des indemnités ainsi que des pensions convenables aux familles des agents tués.

Si aucun accident n'arrive dans le courant de l'exercice, la société n'ayant alors pas d'indemnité à payer, s'engage à donner une somme de 50 p. 100 de ses bénéfices aux employés du chemin de fer, à titre de gratification.

Cette convention à conclure avec les Compagnies de chemins de fer aura une durée d'un an, et elle pourra être prolongée.

Si le chemin de fer était condamné, par les tribunaux, à une indemnité plus élevée que celle donnée par la société d'assurance, cette dernière s'engagerait à payer le surplus.

On se trouve maintenant en présence de trois institutions, qui diffèrent en plusieurs points essentiels :

La Société mutuelle, restée à l'état de projet, n'assure que les choses et laisse les hommes en dehors de ses opérations ;

La *Thuringia* n'assure que les voyageurs et les agents, en train régulier ;

Enfin la Société générale de Berlin réunit l'assurance des voyageurs, sans distinction des convois, à celle des employés, des meubles et des immeubles.

FRANCE.

La France ne possède encore aucune société de ce genre ; l'idée seule lui en appartient : un plan d'une assurance mutuelle entre toutes les administrations de chemins de fer, tant pour les voyageurs que pour les agents de l'exploitation, a été proposé, il y a déjà plusieurs années, à nos Compagnies, qui l'ont repoussé et ont laissé à l'Angleterre la gloire de l'exécuter, dans un but d'utilité publique ; la conception de ce projet appartient à M. Blaise (des Vosges), rédacteur en chef du *Journal des Chemins de fer*.

Les citations qui précèdent peuvent suffire pour

jeter en France les bases d'une société analogue, si jamais le besoin d'une pareille création se fait sentir; jusqu'à présent on a attaqué la moralité du principe de cet établissement, qui spécule sur des blessures, des mutilations et sur la mort ; il est vrai qu'il y a quelque chose de choquant à faire évaluer pour une somme d'argent une partie de notre corps; mais, abstraction faite de ce sentiment pénible, les voyageurs et les employés emportent avec eux, au moyen d'une faible rétribution, une espèce de tranquillité d'esprit qui a toujours une grande valeur dans toutes les circonstances de la vie; on sait qu'au moyen de cette prime, l'argent nécessaire pour la guérison des blessures, ou les secours indispensables ne feront pas défaut, dans des cas de malheurs qu'on ne peut ni prévoir ni éviter. A ce titre, ces nouvelles institutions méritent de fixer l'attention, et comme elles existent déjà en Angleterre et en Allemagne, il y a lieu de croire qu'elles finiront par s'acclimater en France. Cette question, du reste, n'est pas urgente; elle sera résolue par le temps, par la force des choses ou par une circonstance quelconque. Ce livre tombera peut-être entre les mains d'un capitaliste qui trouvera dans la création d'une société d'assurance de chemins de fer un placement avantageux de ses fonds, et réalisera ainsi des bénéfices, absolument comme nos voisins d'outre-mer l'ont déjà fait; alors quand ce moment sera arrivé, les renseignements que je viens de donner pourront avoir un caractère d'utilité pratique.

§ XXII.

STATISTIQUE DES ACCIDENTS.

Il existe fort peu de statistiques complètes et utiles qui soient livrées à la publicité. Les Anglais occupent à ce sujet incontestablement le premier rang. Les *commissioners* des chemins de fer donnent, dans leur Rapport annuel, une relation très-exacte des accidents et entrent dans tous les détails; leur travail est accompagné de toutes les pièces justificatives, des profils et plans des parties compromises de la ligne. Avec ces documents, les ingénieurs peuvent se rendre compte de toutes les circonstances de ces sinistres et des mesures à adopter pour en prévenir le retour.

L'administration badoise publie également dans ses comptes rendus une relation de tous ces faits.

La Belgique a aussi suivi cette règle depuis l'ouverture de ses lignes. Il est à regretter que ce travail n'ait plus été continué depuis 1848.

Le gouvernement des États-Unis d'Amérique vient, à son tour, de faire paraître un livre fort intéressant et peu connu en Europe; il est intitulé : *Rapport du comité chargé par le sénat d'examiner les causes des accidents sur les chemins de fer, et d'indiquer les moyens pour prévenir ces malheurs.* (Publié à Albany.) Une traduction complète de ce document serait, sans nul doute, une chose fort utile; mais n'ayant eu connaissance de cette publication que quand le cadre de mon travail était déjà arrêté, je me vois forcé d'ajourner cette reproduction. En voici du reste une analyse sommaire.

Le Rapport, présenté au nom du comité par l'ingénieur de l'État et par le président de la section des chemins de fer du sénat, divise les causes des accidents en trois classes : l'établissement défectueux de la voie et du matériel roulant; l'exploitation irrégulière; enfin l'encombrement de la ligne.

Comme défectuosités des constructions, on indique en premier lieu : l'ouverture prématurée des chemins, qui souvent ne sont pas couverts de ballast sur toute leur longueur. Les trains de ballastage circulent alors concurremment avec les convois de voyageurs, et ne peuvent pas toujours se garer à temps; des ouvrages d'art sont laissés inachevés; des ponts n'ont pas la résistance voulue; un grand nombre de passages à niveau sont mal gardés, des rails sont de mauvaise qualité et trop légers. En général, la solidité de la voie n'est pas en rapport avec le poids et la vitesse des trains; et le danger augmente dans les fortes pentes et dans les petites courbes, surtout quand les rails sont gelés. Dans ce cas les locomotives semblent *déraciner* le chemin.

Le comité est d'avis, qu'avec le poids et la vitesse actuels, le public n'est plus garanti, et il demande que les chemins soient construits plus solidement.

Quant aux voitures, elles paraissent protéger les voyageurs ; cependant, dans les cas de rupture d'essieu, les planchers ne sont pas assez solides pour que l'essieu cassé ne puisse les traverser et blesser les voyageurs. Du reste, les essieux et les roues ne devraient jamais être appliqués au delà d'une année aux voitures à voyageurs. Ces pièces seraient à mettre, après ce terme, sous les wagons de marchandises.

En étudiant ce livre américain, on voit qu'il existe de notables différences entre le matériel des États-Unis et celui de l'Europe ; les roues en fonte sont d'un usage général, mais elles cassent très-souvent par les froids. Les freins sont quelquefois mal attachés, tombent sur la voie et causent des déraillements ; aussi le comité regrette-t-il l'absence de freins énergiques.

Comme moyens administratifs à mettre en usage pour éviter les accidents, le comité ne peut que proposer une grande sévérité dans l'application du règlement ; on a dû employer beaucoup de personnes incapables, afin de pouvoir répondre aux recommandations des actionnaires et du public, et c'est là, d'après le Rapport, une des causes principales des accidents. Comme mesure législative, on croit devoir placer les Compagnies des chemins de fer sous la surveillance immédiate de l'État, en donnant aux agents du gouvernement un droit plus rigoureux d'investigation dans tous les détails de la construction et de l'exploitation des lignes ferrées.

La seconde partie du travail américain renferme, sous le titre d'Appendice, une série de questions adressées aux Compagnies sur la gestion de leurs entreprises, et sur tous les accidents, ainsi que les réponses faites par plusieurs de ces chemins. Des relevés statistiques terminent le Rapport.

Pour que cette statistique des accidents fût utile d'une manière absolue et qu'elle permît d'en tirer les conclusions pratiques, il faudrait l'entreprendre dans tous les pays ; car ce n'est qu'une statistique universelle qui pourrait indiquer la marche à suivre pour approcher d'une solution que la science, dans son état actuel, est impuissante à donner. Il ne faudrait pas non plus se borner à l'énumération pure et simple des morts et des blessés dans les voyageurs et les employés ; on ne pourrait fournir que des chiffres proportionnels, susceptibles d'une infinité de combinaisons pour la circulation, la classe de voitures, la durée de l'exploitation, et ainsi de suite ; car ces chiffres, tout en offrant l'intérêt de la curiosité, ne donneraient aucun enseignement technique.

Ils pourraient cependant servir à rassurer les voyageurs, en leur prouvant que les sinistres sur les chemins de fer sont très-rares, comparativement à ceux des autres voies de communication ; cela résulte d'un relevé complet de tous les accidents arrivés sur les lignes anglaises depuis 1840 jusqu'en 1852, — et qui a été publié, d'après les Rapports officiels, par la Société statistique de Londres. — Dans cette période de douze ans, 1 828 personnes ont été tuées, et 2 648 ont été blessées, savoir :

	Tués.	Blessés.
Voyageurs	266	1 796
Etrangers	175	65
Individus stationnant sur la voie.	306	84
Mécaniciens	73	94
Chauffeurs	116	123
Conducteurs	127	100
Gardes-ligne et gardes-freins	117	65
Employés divers	648	321
Totaux	1828	2648

D'après ce tableau, le nombre des voyageurs tués (266) est à celui des personnes transportées, dans la proportion de 1 à 2 millions 300 000 ; le nombre des voyageurs blessés (1 796), comme 1 à 340 000. — Le rapport des tués aux blessés est de 1 à 7. — Les quatre cinquièmes des individus stationnant sur la voie ont été tués.

Le travail de la Société statistique anglaise classe aussi les accidents d'après leurs causes : dans le commencement de cette période de 1840 à 1852, la rupture des essieux compte à raison de 8 pour 100 dans les irrégularités ayant entraîné la mort. — Les 308 collisions ont été occasionnées tant par le mauvais temps (28), tant par les défectuosités du matériel (34), tant par le manque de force motrice (8), que par l'inattention et la négligence des employés (238). — Ces collisions ont eu lieu :

Entre les trains des voyageurs (48) ;

Entre les convois de voyageurs et des trains de marchandises (207) ;

Et enfin entre des convois de marchandises (53).

Maintenant, en faisant entrer la vitesse comme élément de calcul, on remarque : que les express entraînent le plus petit nombre de malheurs ; la raison en est que ces convois ont les meilleures machines et sont conduits par les plus habiles mécaniciens, et que l'attention des agents de surveillance est concentrée sur l'état de viabilité de la ligne, chaque fois qu'on s'attend au passage d'un express. De ces 308 collisions, 110 ont eu lieu dans les stations.

Les déraillements ont presque toujours été occasionnés par le mauvais état des rails et de leurs supports, dont l'entretien avait été donné à l'entreprise à forfait.

C'est principalement la cause de tous ces sinistres, abstraction faite de leurs terribles conséquences, qu'il importe d'étudier.

Il s'agit de rechercher pourquoi sur certaines lignes les accidents sont plus nombreux que sur d'autres chemins placés dans les mêmes conditions d'établissement et de trafic, et de se rendre compte de la différence des méthodes d'exploitation des divers pays. On sait, par exemple, qu'en Allemagne les retards se présentent souvent, qu'il y arrive beaucoup de blessures aux employés ; on sait que la France est le théâtre des grandes catastrophes très-exceptionnelles, mais qu'à part cela le service se fait d'une manière toujours satisfaisante ; on sait encore qu'en Angleterre les accidents sont très-fréquents, au point que le parlement s'en est ému ; des interpellations ont eu lieu, et tout en constatant le mal, on n'a fait que fixer l'attention sur des palliatifs : tantôt on veut donner une grande latitude au contrôle et aux mesures coercitives adoptées par l'administration, qui ne demande qu'à laisser toute responsabilité aux agents de l'exploitation ; tantôt on craint de restreindre la liberté accordée au commerce et à l'industrie par l'application de ces mesures. Les tribunaux condamnent sévèrement les employés et les Compagnies, et cependant les accidents ne diminuent ni en nombre ni en gravité, surtout en hiver et dans les temps de brouillard ; au contraire, ils augmentent au fur et à mesure que le matériel roulant et la voie subissent l'usure et la détérioration, que les Compagnies, obérées de charges nombreuses, ne sont pas dans le cas d'arrêter. Elles voient journellement diminuer leurs bénéfices à la suite de la terrible concurrence qu'elles se font entre elles, et que l'amalgamation des diverses lignes est impuissante à arrêter. En réduisant le nombre des convois et leur vitesse, elles s'exposeraient naturellement à moins d'accidents ; mais le public anglais n'entre pas dans ces détails, il demande au contraire des trains plus fréquents et plus rapides.

D'après le Rapport du *Board of Treade*, 45 millions de voyageurs ont circulé sur les chemins de fer de la Grande-Bretagne pendant le premier semestre de 1853 ; 148 personnes ont été tuées et 191 blessées en totalité, — dont 31 tuées et 141 blessées à la suite de quarante accidents graves qui se divisent en : 18 collisions; 11 déraillements; 5 ruptures d'essieux de locomotives; 2 ruptures d'essieux de wagon ; et enfin 4 explosions de locomotives.

Sans multiplier ces citations, on voit que par une statistique générale on sera probablement conduit à trouver la cause des accidents, tant dans les habitudes locales, dans les exigences des voyageurs, qu'avant toute chose il s'agit de satisfaire, tant dans les dispositions mécaniques que dans le caractère et les habitudes des hommes proposés à la manœuvre du matériel. On verra peut-être que le nombre des accidents dépend de la qualité des employés, et qu'avec un personnel content de sa position, on court moins de risques qu'avec des agents mécontents de leur sort et fatigués de leur service ; car quelle confiance peut-on avoir dans des personnes mal menées, et qui ne tiennent aucun compte des avis de leurs chefs et dédaignent l'expérience de leurs camarades ?

Il me semble toujours que c'est là que se trouve le siége du mal, et je ne crains pas de le répéter à satiété. Dans un chemin de fer, l'employé n'est souvent qu'un instrument docile, mais que le supérieur doit savoir manier, et c'est là que réside le talent des directeurs de l'exploitation, qui se résume à trouver des hommes capables, sachant se faire aimer des subordonnés, et pouvant obtenir la régularité du service, non pas par la crainte, mais par le dévouement. Si le chemin de Paris à Strasbourg n'appliquait pas cette règle avec cette intelligence dont les membres du comité donnent journellement des preuves, il n'eût certes pas trouvé un mécanicien qui, dans ces derniers froids, tint dans ses mains une pièce détachée de la locomotive pendant tout le trajet, eut les mains gelées, mais arriva au moment donné à sa station.

Ces sortes de dévouements ne se trouvent pas sur toutes les lignes.

Les comptes rendus d'un chemin, près de nos frontières, constatent que depuis dix ans un seul accident grave est arrivé ; il est dû à l'imprudence d'un machiniste qui, n'ayant pas ralenti à l'entrée de la gare, est tombé sur un convoi en stationnement. Le procès-verbal qualifie ce mécanicien d'homme négligent, qui a commis plusieurs fautes et qui a été renvoyé.

C'est donc à un homme pareil qu'on a osé confier la conduite d'un train ! — S'il résulte de là qu'il ne faut jamais conserver un employé négligent, il ne faut pas non plus mettre trop de sévérité dans les relations, et surtout pas de morgue ni de hauteur. — Sur un chemin de fer allemand, j'ai vu un simple sous-chef de gare tutoyer le mécanicien de la locomotive, comme les officiers russes tutoient leurs soldats. Rien n'irrite autant les employés d'un service public que d'être traités dédaigneusement ; rien ne les blesse davantage, car la plupart du temps ces airs hautains ne sont que le masque de l'incapacité.

Au sujet du personnel, il n'existe encore aucune règle précise ; — chaque Compagnie, chaque ingénieur agit à sa façon ; et alors les conditions des employés n'étant plus les mêmes, leur service n'est plus le même non plus, et cependant cela devrait être pour maintenir la régularité dans la marche des convois. Les ordres de service sont souvent conçus d'une manière trop vague, et laissant à l'interprétation des agents subalternes une trop grande latitude. Il faudrait donc pouvoir arriver à l'uniformité dans cette partie importante de la gestion des Compagnies.

Telles sont les hautes questions de la construction et de l'exploitation comparative des chemins de fer, et de la moralisation des employés, que la statistique des accidents devra soumettre à l'épreuve de ses calculs. C'est une grande tâche que j'essayerai d'entreprendre en temps et lieu; et, sans pouvoir préciser à l'avance la nature des résultats de ce travail, j'ai le pressentiment qu'on arrivera un jour à rendre les accidents sur les chemins de fer à tout jamais impossibles, et alors ces nouvelles voies de communication et de transport auront atteint le but que le génie de la civilisation leur a désigné.

J'arrive maintenant à la fin de mon travail, et qui consiste à renfermer dans un cadre précis les indications nécessaires pour obtenir une exploitation régulière, par laquelle seule on peut éviter des malheurs.

---

§ XXIII.

RÉSUMÉ.

Je n'ai pas la prétention d'indiquer un moyen universel et infaillible pour préserver les chemins de fer de tous les accidents ; je ne crois même pas que cela soit possible, — quant à présent, — car cette grande machine de transport est composée de deux éléments dont l'action simultanée ne pourra pas être combinée d'une manière absolue : la régularité d'un mécanisme et la bonne volonté et l'intelligence des hommes. Du reste, contre la négligence et l'imprudence il n'y a guère de remède, à moins qu'on ne veuille remplacer les services des employés par des dispositions mécaniques, et traiter les voyageurs à peu près comme les marchandises, en les enfermant, comme autrefois, dans leurs compartiments, et en les empêchant de faire des mouvements qui pourraient leur être nuisibles ; et encore n'arriverait-on jamais à un résultat satisfaisant.

Quant à la chute ou à la rencontre des trains, on ne peut pas établir de mesures préventives d'une façon absolue. Il faut éviter les complications dans le service et les combinaisons trop difficiles dans le matériel ; il faut surtout soumettre à un contrôle sévère et intelligent tout le personnel de l'exploitation.

Maintenant, pour prévenir, autant que possible, les déraillements, il n'y a qu'à exercer une surveillance active et continuelle sur tous les détails de la voie. Quant à faire observer les signaux, qui sont en général donnés avec une grande exactitude, et quant à éviter des collisions, c'est encore aux machinistes qu'il faut s'en rapporter.

On devra, autant que possible, perfectionner les instructions, étudier le rôle que joue la télégraphie électrique dans l'exploitation, et la valeur qu'ont dans la pratique ces soi-disant certitudes qui reposent sur des suppositions, et qui, mal interprétées, entraînent de si grands malheurs ; il faudra examiner surtout ce qui se fait en pays étranger, et ne pas se reposer d'une manière absolue sur sa propre expérience, quelque longue qu'elle soit, ou se baser sur des idées préconçues et sur des méthodes arrêtées à l'avance.

En résumé, on peut fixer son attention sur les deux points :

L'amélioration du matériel et le choix minutieux des employés.

Pour arriver au premier résultat, il serait nécessaire de centraliser les efforts de tous les ingénieurs et constructeurs, tout en tenant compte des tentatives isolées, d'autant plus qu'elles sont faites, la plupart du temps, d'une manière désintéressée et dans un but utile. — Quant à l'exploitation proprement dite, le gouvernement français vient de faire dresser une série de questions que toutes les Compagnies auront à résoudre. Il serait à désirer que cette mesure fût imitée par les étrangers, qui seraient ainsi mis à même de coopérer à une œuvre méritoire sous plus d'un rapport.

Déjà plusieurs points, qui faisaient le sujet de sérieuses préoccupations et de légitimes suspicions, paraissent résolus : on a trouvé les moyens de fixer les rails et de donner au matériel roulant une grande stabilité.

D'autres problèmes seraient à mettre à l'étude, et, pour donner une grande valeur à ce travail, il faudrait, je le répète, que tous les ingénieurs voulussent s'entendre à ce sujet, et élaborer leurs idées d'un commun accord. On arriverait à ce but, qui ne peut rencontrer aucun obstacle sérieux, en dressant une espèce de programme des points litigieux. Ce programme, dont la forme est à peu près indifférente, serait très-facile à composer; il renfermerait une série de demandes sur la construction de la voie et du matériel, sur la fabrication et la résistance des matériaux, et dont les réponses seraient à centraliser dans les sociétés des ingénieurs de chemins de fer, et examinées définitivement par un comité international. Il en sortirait une espèce de congrès de rail-ways.

L'exécution de ce projet, auquel on joindrait une statistique universelle des chemins de fer, et surtout des causes d'accident, ne coûterait absolument rien ; il stimulerait le zèle de toutes les personnes attachées à la construction et à l'exploitation, et ferait faire, j'en ai l'intime conviction, un pas de plus à la science qui forme le sujet de nos préoccupations. Pour atteindre ce but, une société quelconque d'ingénieurs n'aurait qu'à prendre l'initiative, et se mettre en relation avec toutes les autres réunions ; un des sociétaires se chargerait de la France ou de l'Angleterre, un autre de la Prusse, un troisième de l'Autriche ; et comme aucune société ne pourrait se refuser de répondre à l'appel, on mettrait aisément toutes les opinions en regard les unes des autres, et on en tirerait des conclusions pratiques, qui seraient livrées ensuite à la publicité. Tout cela me paraît très-facile, et je m'étonne que cela ne soit pas encore fait.

En attendant que cette idée se réalise, je commencerai par ouvrir la première page d'un registre où j'inscrirai les questions suivantes, dont la solution ajoutera, sans aucun doute, à la sécurité des chemins de fer :

1° *L'explosion des machines locomotives* est un fait rare ; avec quelques précautions on peut le prévenir. Quelles sont ces mesures, quels sont les appareils de sûreté ?

2° *La rupture des essieux* est, surtout en France, très-rare, depuis que les méthodes de fabrication sont parvenues à un haut degré de perfection ; en Allemagne, elle est plus fréquente.

Cette différence a-t-elle son origine dans le fer, ou dans la fabrication, ou dans l'entretien? Pour reconnaître un commencement de cassure, on n'a qu'à chauffer de temps en temps ces essieux à un feu doux, après les avoir frottés avec de l'huile qui s'introduit dans la fissure et en ressort après le chauffage. On stimule en outre le zèle des employés, en leur accordant une récompense pour l'indication d'une de ces pièces à mettre hors de service.

Y a-t-il un moyen plus efficace à employer pour reconnaître ces ruptures, pour les éviter, ou pour en atténuer les conséquences?

3° *La stabilité des machines* peut être obtenue au moyen de contre-poids. Quel est le meilleur mode d'application de ces contre-poids?

4° *Avec les attaches fixes des rails*, et avec les rails fendus, on évite les solutions de continuité dans la voie. Pourquoi la France n'adopte-t-elle pas ce mode d'attache? pourquoi l'Angleterre ne l'accepte-t-elle qu'avec réserve? pourquoi, au contraire, l'Allemagne rejette-t-elle les coussinets, et pourquoi change-t-elle partout ses systèmes de voie contre le rail américain avec plaques vissées? En général, pourquoi les ingénieurs les plus habiles sont-ils divisés d'opinion à cet égard?

Quelle serait ensuite la conclusion pratique à tirer de la solution de ces questions?

5° *Les ponts en fonte et en fer* forment l'objet d'une controverse. Quels sont les faits à l'appui de toutes ces assertions contraires? Y a-t-il lieu d'appliquer l'un ou l'autre de ces systèmes d'une façon absolue?

6° Y a-t-il un moyen de constater la cause de la *rupture des rails?* et que peut-on faire pour la prévenir?

7° Y a-t-il lieu de préférer les changements de voie mus par des hommes, ou ceux à contrepoids?

8° Les questions relatives aux collisions, aux signaux, aux chemins à simple voie, sont intimement liées entre elles; la télégraphie électrique y joue le rôle le plus important. — A ce sujet, une question de principe a été consignée dernièrement dans le procès-verbal de la Société des ingénieurs civils de Paris; il y est dit que cette télégraphie ne rendra des services éminents à l'industrie des chemins de fer, que quand elle sera remise entièrement entre les mains des Compagnies; et on explique les progrès rapides de cette science en Allemagne, par la circonstance que les gouvernements sont restés étrangers au maniement de cette voie de communication.

J'ai consulté à ce sujet la *Statistique générale des chemins de fer en Allemagne*, publiée par le congrès de leurs administrations; j'y ai trouvé une preuve contraire.

La longueur des chemins allemands est de 10 000 kilomètres, dont 4 500 appartiennent aux gouvernements, savoir : Autriche, 1 500; Prusse, 950; Bavière, 600; Saxe, 400; Hanovre, 400; Wurtemberg, 250; Bade, 280; Brunswick, 120.

Toutes ces lignes sont munies de télégraphes électriques, tandis que l'autre moitié, celle des Compagnies, n'en possède pas partout; les chemins à chevaux en sont dépourvus généralement. L'assertion précitée n'est donc pas conforme au document officiel; ce n'est pas pour réfuter une opinion émise par un membre de la Société des ingénieurs civils que j'ai fait cette recherche, c'est pour pouvoir ajouter une nouvelle question à mon programme.

« Quel est le rôle que la *télégraphie doit jouer dans l'exploitation des chemins de fer à simple ou à double voie?* »

9° La télégraphie électrique me conduit à parler des carillons électriques placés sur les maisons des gardes pour signaler l'approche des convois non annoncés, et du feu électrique pour remplacer les signaux explosibles, dont l'insuffisance s'est déjà fait sentir.

En généralisant cette question : *Quel parti peut-*

on tirer de toutes les inventions faites dans le but, moins de prévenir les accidents, que d'en atténuer les effets?

On peut de suite augmenter le nombre de ces problèmes par ceux posés dans un travail que M. Couche vient de publier sur les collisions.

Je crois faire une chose utile en transcrivant ici ces questions, au nombre de quatorze, et en les ajoutant aux précédentes.

10° L'instant où un train quitte une station doit-il être signalé à la suivante sur les chemins à deux voies, comme cela se pratique nécessairement sur les chemins à une voie?

11° Y a-t-il lieu de rendre également obligatoire l'annonce à tout le personnel *de la voie*, ou de la restreindre aux préposés à la surveillance des points dangereux : courbes, bifurcations, passages à niveau?

12° L'application des signaux-disques aux passages à niveau doit-elle être généralisée? Tire-t-on de ces signaux tout le parti possible, à l'égard des changements de voie placés *à l'entrée* des stations?

13° Le principe des signaux fixes couvrant les stations doit-il cesser d'être en vigueur pendant la nuit, lorsque le signal, invisible de la station, n'est pas placé à proximité d'un passage important d'où le garde puisse veiller constamment sur l'état du fanal?

14° Est-il utile d'affecter, dans les stations, un indicateur à chacun des changements de voie?

15° L'expédition des trains extraordinaires doit-elle être restreinte aux cas d'une nécessité absolue, tant qu'ils ne sont pas annoncés aux stations et aux points dangereux de la voie?

16° L'organisation du service de secours doit-elle avoir pour base la *demande* du train en détresse? Convient-il de laisser au train la faculté de demander le secours soit en avant, soit en arrière?

17° Jusqu'à quel point est-il impossible d'assujettir chaque train à laisser de lui-même, de distance en distance, et particulièrement à l'entrée des courbes, une trace de son passage destinée à avertir le train suivant, jusqu'à ce qu'elle devienne inutile par l'arrivée du garde-ligne? Ne peut-on même pas atteindre ce but sans faire intervenir aucun mécanisme?

18° Cette condition n'est-elle pas très-réalisable, *au moins pour les trains de marchandises*, c'est-à-dire pour ceux de la part desquels une semblable indication serait particulièrement utile?

19° Ne peut-on pas dès à présent utiliser la lumière électrique pour la production des signaux de nuit, et surtout en cas de brouillard, pour restituer aux signaux visuels une partie de leur efficacité?

20° Le personnel de gardiennage est-il toujours suffisant? est-il partout en rapport avec les conditions du tracé et surtout avec l'activité de la circulation, soit pendant le jour, soit pendant la nuit?

21° Le parcours quotidien des mécaniciens ou les distances qu'ils franchissent d'un seul jet, n'excèdent-ils jamais les limites convenables, surtout pendant la mauvaise saison? Le froid, la pluie, le vent ne peuvent-ils pas, au bout de quelques heures, paralyser jusqu'à un certain point une attention qui doit être toujours en éveil, dont un seul instant d'oubli peut coûter si cher?

22° Le nombre des voies de garage pour les trains de marchandises est-il suffisant? L'établissement sur les lignes à grand trafic de voies de garage intermédiaires, en dehors des stations, doit-il être recommandé?

23° Les freins, supposés d'ailleurs en bon état d'entretien, sont-ils toujours assez nombreux? La présence d'un frein sur le dernier wagon n'est-elle pas indispensable sur certaines sections des lignes à longues rampes?

Ce programme renferme donc déjà vingt-trois questions, dont plusieurs ont reçu une solution approximative.

Je ne pousserai pas plus loin ces recherches ; je me bornerai à l'exposé du cadre, qui ne peut être complété, je le répète, que par le concours de tous les ingénieurs.

« A peine le bruit de cette inspection, excellente « sous tous les rapports, s'est-il répandu, que les « agents se sont appliqués à étudier leurs règle- « ments et à s'exercer dans toutes les parties de « leur service. Tout le monde ne pourra qu'y ga- « gner; les employés capables seront distingués, « ils se rencontreront plus souvent avec leurs « chefs, qui, de leur côté, par des inspections pé- « riodiques, remplaceront très-avantageusement « les nombreuses écritures et circulaires.

« IV. Établir des conférences obligatoires entre « tous les ingénieurs d'un pays, et favoriser les « réunions internationales dans le but de remplir « le programme indiqué.

« V. Créer enfin une statistique technique uni- « verselle pour centraliser les travaux précités « des ingénieurs, et pour les livrer ensuite à la « publicité et à la critique. »

Maintenant, encore quelques mots à l'adresse du public. Autrefois les voyageurs se mettaient en route avec patience et résignation ; aujourd'hui le sentiment qui les anime est l'impatience, et si elle n'est pas satisfaite jusqu'aux limites d'une rapidité dont, il y a quelques années encore, on n'avait pas d'idée, elle se change en malveillance contre les agents de ce nouveau mode de transport.

Dans bien des cas, le public met en suspicion

de négligence et d'incapacité toute une administration, depuis les directeurs jusqu'aux gardes-ligne; il ne ménage rien, n'excuse rien et souvent ne comprend rien; il oublie que les chemins de fer n'existent que par le zèle et le dévouement d'hommes honorables et intelligents, et dont il ne tient aucun compte. Celui qui n'est pas monté sur une locomotive ne peut savoir ce qu'il faut de courage, d'intrépidité et d'adresse pour conduire un train; on ne voit qu'un retard, un accident, et on oublie les précautions prises à chaque instant du voyage par les agents des Compagnies qui ont un intérêt majeur à remplir leur devoir avec un zèle et un dévouement à toute épreuve, car ils connaissent tous la récompense qui les attend, la punition qui les menace, la loi qui les frappe. Je m'arrête.

Malheureusement la presse périodique s'est faite l'écho de préventions irréfléchies. Que des bateaux à vapeur sautent, que des diligences se renversent ou restent enfouies dans les neiges, dans des routes impraticables, que des charrettes imprudemment conduites écrasent les passants, on trouve cela tout naturel, on n'y fait pas attention, on y est habitué.

Mais qu'un convoi déraille à Zarskoé-Zélo, les journaux de Madrid s'empresseront d'enregistrer ce fait; qu'une locomotive descende sur un talus à Aranjuez, les feuilles de New-York en donneront les détails, et la presse parisienne, comme celle de toutes les capitales, centralisera ces récits et jettera inutilement l'inquiétude dans l'esprit des voyageurs et le dégoût du métier dans l'âme des employés, si cruellement éprouvés dans les derniers temps.

Tous ces récits ne sont ni récréatifs ni instructifs. Ils ne donnent aucun enseignement, et il serait à désirer qu'ils fussent complétement supprimés.

Que le public se rassure donc, qu'il quitte le plus tôt possible ses préventions, qui ne sont que passagères : les chemins de fer, même avec les défectuosités inhérentes à toute œuvre humaine, offrent le moyen de transport le plus sûr et le plus rapide ; rien n'est négligé pour les perfectionner. Dans tous les pays ils sont l'objet de la méditation des esprits sérieux, et journellement ils font un pas de plus vers la perfection. D'ailleurs où pourrait-on trouver plus de science pratique que parmi les ingénieurs de chemins de fer, plus d'intelligence que parmi les administrateurs, une meilleure tenue que celle du personnel de l'exploitation ? Et au-dessus de toutes ces garanties est placée la sollicitude des gouvernements qui veillent sans cesse à la satisfaction de tous les intérêts et à la sécurité des populations.

Paris, mai 1854.

FIN.

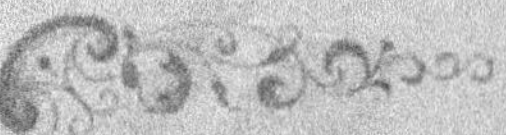

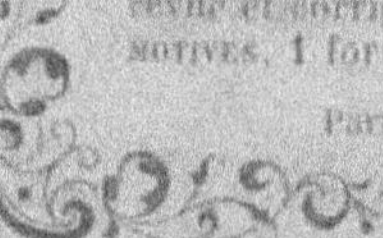

www.ingramcontent.com/pod-product-compliance
Ingram Content Group UK Ltd.
Pitfield, Milton Keynes, MK11 3LW, UK
UKHW022110260726
13993UKWH00001B/428

9 782329 214948